NICOLE MUTSCHKE

Recht einfach – Rat für alle Fälle von der TV-bekannten Rechtsanwältin

NICOLE MUTSCHKE

RECHT EINFACH

Rat für alle Fälle von der
TV-bekannten Rechtsanwältin

südwest

1. Auflage

Hinweis: Die Ratschläge/Informationen in diesem Buch sind von Autorin und Verlag sorgfältig erwogen und geprüft, dennoch kann eine Garantie nicht übernommen werden. Eine Haftung der Autorin beziehungsweise des Verlags und seiner Beauftragten für Personen-, Sach- und Vermögensschäden ist ausgeschlossen. Dieses Buch ersetzt keinen anwaltlichen Rat.

Gender-Hinweis: Aus Gründen der besseren Lesbarkeit wird in diesem Werk an manchen Stellen auf die gleichzeitige Verwendung der Sprachformen männlich, weiblich und divers (m/w/d) verzichtet. Sämtliche Personenbezeichnungen und personenbezogenen Hauptwörter gelten gleichermaßen für alle Geschlechter. Die verkürzte Sprachform beinhaltet keine Wertung, sondern hat lediglich redaktionelle Gründe.

Bildnachweis: Patrick Kruse (Covermotiv), 11 (Frank Mutschke), 12 (privat)
Cover: Vera Schlachter www.veruschkamia.de
Projektleitung: Dr. Harald Kämmerer
Layout und Illustrationen: Christian Martin Weiß
Textredaktion: Susanne Schneider
Herstellung: Franziska Polenz
Satz: Satzwerk Huber, Germering
Druck und Bindung: GGP Media GmbH, Pößneck
Printed in Germany

MIX
Papier | Fördert gute Waldnutzung
FSC® C014496

Penguin Random House Verlagsgruppe FSC® N001967
ISBN: 978-3-517-10351-8
www.suedwest-verlag.de

Inhalt

5. Kapitel: Social Media

6. Kapitel: Bei der Arbeit

9. Kapitel: Zur Miete wohnen

10. Kapitel: Nachbarn und Garten

11. Kapitel: Finanzen, Versicherungen, Immobilien

Liebe Leserinnen und Leser,
als karina2you kennen mich vermutlich einige von TikTok und Instagram. Social Media ist meine Welt und ich liebe es, kreativ zu sein. Natürlich stehe aber auch ich immer wieder vor rechtlichen Fragen und bin so froh, dass ich Nicole kennengelernt habe. Wir haben uns sofort gut verstanden und schnell entwickelte sich eine enge, familiäre Freundschaft. Nicole ist nicht nur eine großartige Anwältin, sondern auch ein unglaublich hilfsbereiter Mensch. Ihre wertvollen und wichtigen Ratschläge sind unvergleichlich. Deshalb fühle ich mich geehrt, das Vorwort für ihr Buch »Recht einfach« schreiben zu dürfen. Ich freue mich auch sehr, dass Nicole einige meiner Fragen in ihr Buch aufgenommen hat, denn sicherlich bin ich nicht die Einzige, die sich derartige Fragen stellt. Beispielsweise die Frage, was ich machen kann und sollte, wenn mich jemand kopiert. Diese Frage habe ich mir auch nicht nur einmal gestellt, sondern in unterschiedlichen Konstellationen. Als ich mich in einer sehr belastenden und unangenehmen rechtlichen Phase befand und wirklich nicht weiterwusste, konnte mir Nicole sofort helfen. Ich war erstaunt, wie schnell sie das große Problem gelöst hat. Ihre Professionalität und ihr Wissen sind beeindruckend – eine Anwältin, die den Titel »Topanwältin« wirklich verdient.

Dieses Buch enthält eine Fülle von hilfreichen Tipps, die für alle nützlich sind. Es bietet wertvolles Wissen, das leicht verständlich und zugänglich ist. Danke, Nicole, dass du deine Zeit, deine wertvollen Tipps und dein Wissen mit uns teilst. Es berührt mich, wie einfach und verständlich du das Recht erklärst. Du bist eine wahre Bereicherung für uns alle.

karina2you

Liebe Leserinnen und Leser,
als Journalist, der sich seit vielen Jahren mit Verbraucherthemen beschäftigt, ist es mir eine besondere Freude, das Vorwort zu diesem Buch schreiben zu dürfen. »Recht einfach« von Nicole Mutschke ist nicht nur ein Buch, das die komplexe Welt des Rechts verständlich macht, sondern auch ein persönlicher Meilenstein für eine geschätzte Kollegin und mittlerweile enge Freundin. Nicole Mutschke ist eine außergewöhnliche Rechtsanwältin. Ihre Leidenschaft für das Recht und ihr unermüdliches Bestreben, ihren Mandanten in schwierigen Zeiten beizustehen, zeichnen sie aus. Doch was mich immer wieder beeindruckt hat, ist ihre Fähigkeit, komplizierte juristische Sachverhalte so zu erklären, dass sie für jeden nachvollziehbar und greifbar werden. Dieses Talent bringt sie nun in ihrem Buch »Recht einfach« auf eindrucksvolle Weise zum Ausdruck.

In unserer schnelllebigen Welt ist es unerlässlich, dass wir die Grundlagen unserer Rechte und Pflichten verstehen. Ob im Alltag, im Berufsleben oder in besonderen Lebenssituationen – Recht betrifft uns alle. Nicole hat es sich zur Aufgabe gemacht, Licht ins juristische Dunkel zu bringen und das Vertrauen der Menschen in ihre eigene rechtliche Kompetenz zu stärken. Während meiner eigenen Recherchen und Interviews habe ich oft erlebt, wie wichtig es ist, dass Menschen Zugang zu verständlicher und präziser Information haben. Nicoles Buch schließt eine Lücke, die viele von uns schon lange gespürt haben. Es ist ein Begleiter, der uns hilft, die richtigen Fragen zu stellen und informierte Entscheidungen zu treffen.

»Recht einfach« ist mehr als nur ein Buch. Es ist ein Werkzeug, das Ihnen Sicherheit gibt, ein Kompass, der Ihnen den Weg durch das juristische Labyrinth weist. Nicoles klare Sprache, ihre praxisnahen Beispiele und ihr tiefes Verständnis für die Sorgen und Nöte der Menschen machen dieses Buch zu einem unverzichtbaren Ratgeber. Ich bin überzeugt, dass Sie von diesem Buch genauso begeistert sein werden wie ich. Es wird Ihnen helfen, sich im Rechtssystem besser zurechtzufinden, und gibt Ihnen das Selbstvertrauen, das Sie brauchen, um Ihre Rechte zu kennen und durchzusetzen.

Ich wünsche Ihnen viel Freude beim Lesen und viele Aha-Momente. Lassen Sie sich von Nicole Mutschke auf eine Reise durch die faszinierende Welt des Rechts mitnehmen – und entdecken Sie, wie »Recht einfach« es sein kann.

Ron Perduss

Vorwort der Autorin

»Recht einfach« klingt nach einer gewagten These. Allein bei dem Wort »Gesetz« zucken die meisten Menschen zusammen. Wir denken an etwas Unangenehmes und Kompliziertes. Tatsächlich will aber »Recht« durchaus einfach sein. Das Gesetz schützt in erster Linie Verbraucher und gerade neuere Regelungen sind darauf ausgelegt, einfach und verständlich zu sein. Wer das Prinzip einmal verstanden hat, der braucht in klassischen Alltagssituationen daher oft keinen Anwalt mehr. Natürlich werde ich als Anwältin in komplexen Fällen immer noch gefragt sein und vor Gericht wird es oft ohne Anwalt nicht funktionieren. Ziel des Buches ist es aber auch, dass es gar nicht zu einem gerichtlichen Verfahren kommen muss. Jeder kann bei den kleinen und mittleren Fragen des Alltags lernen, die eigene Situation einzuschätzen und entsprechend zu reagieren. Wenn ich schlechte Karten habe, dann muss ich natürlich kleinere Brötchen backen. Sollte ich aber das Recht auf meiner Seite habe, kann ich natürlich ganz anders auftreten. Das haben wir alle längst verstanden und wissen es in unserem Alltag gut umzusetzen, ohne jedes Mal einen Anwalt fragen zu müssen. Erklärungen sind ohnehin oft nicht die Stärke von vielen Anwälten. Wenn man also selbst seine eigene Situation einschätzen kann, ist eigentlich schon vieles gewonnen. Meine Tipps werden jeden Leser in die Lage versetzen, alltägliche Situationen rechtlich so einschätzen zu können, dass ein Gespräch mit einem Anwalt in diesen Situationen gar nicht mehr nötig ist. Oft ist man selbst ohnehin der beste Anwalt für sich. Niemand kennt die Situation besser und niemand hat mehr Interesse an einer guten Lösung als man selbst. Anwälte kochen auch nur mit Wasser, man sollte also die eigenen Talente nicht unterschätzen! Legen wir also gemeinsam los. **Sparen wir Geld, Ärger und den Anwalt!**

Herzlichst Nicole Mutschke

1. Kapitel:

Im Geschäft, im Supermarkt oder im Restaurant

Die eigenen Rechte kennen
und durchsetzen

Anderer Preis an der Kasse als im Regal: Was gilt?

Worum geht es?

Es passiert mir immer wieder beim Einkaufen. Ich muss feststellen, dass die Ware im Regal mit einem niedrigeren Preis ausgezeichnet ist, als dann an der Kasse aufgerufen wird. Wenn die Differenz hoch ist, ärgert mich das. Kann ich also darauf bestehen, dass mir die Schokolade oder das Waschpulver zu dem günstigeren Preis verkauft wird oder muss ich den höheren Preis zahlen?

Wie sieht es rechtlich aus?

Leider ist die Sache rechtlich ziemlich eindeutig und die Erklärung dazu auch ganz einfach. Man muss eigentlich nur wissen, dass der Kaufvertrag erst an der Kasse zustande kommt. Dort biete ich als Kunde erst den endgültigen Kauf an und der Supermarkt sagt mir im Gegenzug, zu welchem Preis er mir die Ware verkauft. Die Preise, die ich im Supermarkt an den Regalen oder auf der Ware finde, sind letztlich also nur Informationen an mich als Kunden und eine Einladung an mich, die Ware zu kaufen. An der Kasse wird dann letztlich zwischen mir und dem Supermarkt der konkrete Deal abgeschlossen. Das passiert aber nur, wenn wir uns dabei aber auch über den Preis einig sind. Der Supermarkt kann daher noch an der Kasse über den Kaufpreis entscheiden. Gleiches gilt aber auch für mich als Kunde. Ich sollte mir als Kunde also durchaus bewusst machen, dass auch ich noch an der Kasse die Freiheit habe, mich gegen einen Kauf zu entscheiden. Selbstverständlich steht es mir als Kunde also zu, mich gegen den höheren Preis und damit auch gegen den Kauf zu entscheiden.

Mein Tipp!

Es ist auf jeden Fall empfehlenswert, an der Kasse die Preisanzeige im Blick zu haben und darauf zu achten, ob ich auch wirklich den Preis zahle, von dem ich ausgegangen bin. Natürlich können Fehler passieren. Sollte ich feststellen, dass Preise in »meinem« Supermarkt immer wieder falsch ausgezeichnet sind, ist das rechtlich mindestens bedenklich und ich sollte durchaus überlegen, das Ordnungsamt einzuschalten. Ich spreche an der Kasse auch an, wenn ich von einem deutlich günstigeren Preis ausgegangen bin. Vielleicht sieht der Supermarkt auch ein, dass hier ein Entgegenkommen angebracht wäre, auch wenn keine Pflicht dazu besteht!

Darf ich am Deo oder Duschgel riechen?

Worum geht es?

Oft sieht die Verpackung des Deos oder Duschgels wirklich super aus und ich entscheide mich zum Kauf. Leider habe ich aber auch schon oft erlebt, dass mir der Duft dann gar nicht gefällt. Im Gegensatz zu Parfümerien bieten Supermärkte für Deodorants auch selten Tester an. Bei Shampoos sind Tester ohnehin nicht üblich. Aber natürlich möchte ich eigentlich vor dem Kauf des Produktes wissen, ob mir der Duft überhaupt gefallen würde. Also darf ich einfach den Deckel öffnen und am Duschgel riechen? Ist es vielleicht sogar okay, wenn ich bei einem Deo einmal eine kleine Testmenge versprühe?

Wie sieht es rechtlich aus?

Rechtlich muss ich tatsächlich ein bisschen differenzieren. Ganz klar ist die Lage, wenn es ein Hygienesiegel gibt. Das darf natürlich nicht beschädigt werden. Ist es aber problemlos möglich, den Deckel zu öffnen und einfach daran zu riechen, wird dies bei einem Shampoo grundsätzlich kein Problem sein. Anders sieht es dagegen aus, wenn ich ein Deodorant teste, indem ich etwas Deo versprühe. Hintergrund dabei ist, dass hierbei nämlich jedes Mal etwas Inhalt des Deos verbraucht wird. Es wäre natürlich unschön für den Supermarkt, aber auch für mich als Kunde unschön, wenn das Deo einfach leer ist, weil sehr viele Leute den Duft vorher testen wollten. Fast genauso unangenehm wäre es, wenn aufgrund vieler Tests das Deo zwar nicht vollständig leer ist, aber die Menge, die ich bezahle und bekomme, schon deutlich reduziert ist. Rein praktische Gesichtspunkte können daher durchaus auch die rechtliche Sicht beeinflussen.

Mein Tipp!

Wenn ich unsicher bin, ob ich einfach an einem Produkt riechen darf, wende auch ich mich im Zweifel gerne an einen Mitarbeiter des Supermarktes. Vielleicht gibt es doch einen Tester des Produktes oder der Markt stellt aufgrund meiner Nachfrage vielleicht einen Extra-Tester zur Verfügung. Tatsächlich hilft bei Rechtsfragen auch oft der gesunde Menschenverstand. Man sollte sich also einfach selbst fragen, ob ich mich gestört fühlen würde, wenn jemand anders das Produkt getestet hätte, was ich gerade kaufen möchte. Wenn ich selbst schon einen Test als unangenehm empfinden würde, ist das oft ein guter Indikator dafür, wie auch die rechtliche Lage aussieht.

Ist es okay, im Supermarkt Obst zu probieren?

Wo worum geht es?

Wir kennen es alle. Im Supermarkt sah das Obst so lecker aus, aber zu Hause muss ich dann feststellen, dass der Apfel doch weniger saftig ist als gedacht und die Erdbeeren schmecken eher wässrig als süß. Einige Früchte sind vielleicht auch schlicht noch nicht reif und ich kann das leider, ohne zu probieren, oft wirklich nicht erkennen. Was liegt also näher, als das Obst im Supermarkt zu probieren, oder? Muss ich dabei auch vielleicht nach dem Obst differenzieren? Wäre es also okay, eine Weintraube zu probieren, aber nicht, in einen Apfel zu beißen?

Wie sieht es rechtlich aus?

Wer hier einmal das rechtliche Denken verinnerlicht hat, kann die Antwort ganz leicht geben. Der Kaufvertrag kommt bei einem Supermarkt an der Kasse zustande. Wenn ich also die Ware an der Kasse bezahlt habe, gehört sie mir. Bevor ich das Obst also nicht an der Kasse bezahlt habe, gehört das Obst natürlich noch dem Supermarkt. Wenn ich mir dies vergegenwärtige, ist die Antwort klar. Probiere ich das Obst in der Gemüseabteilung, dann nehme ich letztlich dem Supermarkt das Eigentum weg. Es ist auch eine Legende, dass der sogenannte »Mundraub« straflos sei. Auch der Diebstahl geringwertiger Sachen steht nach dem Strafgesetzbuch unter Strafe. Egal ob Apfel oder Weintraube: Das Probieren ist somit grundsätzlich nicht in Ordnung. Vermutlich wird natürlich der Supermarkt nicht jedes Mal einen Strafantrag stellen, wenn jemand eine Weintraube probiert. Dennoch muss wohl jeder zugeben, dass niemand einen angebissenen Apfel kaufen wird. Und wenn alle Kunde eine Weintraube probieren würden, wird dem Supermarkt dadurch natürlich ein finanzieller Schaden entstehen. Auch hier führt also der gesunde Menschenverstand schon zur richtigen rechtlichen Lösung.

Mein Tipp!

Auch wenn die Rechtslage eigentlich sehr eindeutig ist, ist es für viele Supermärkte in Ordnung, wenn bestimmte Obstsorten vorab probiert werden. Dies ist aber keinesfalls selbstverständlich. Eindeutig ist dies nur, wenn entsprechende Probier-Stände im Supermarkt aufgebaut sind. Im Zweifel bin ich gut beraten, einfach einen Mitarbeiter zu fragen, ob ich probieren darf. Auch wenn der Wert der Ware gering ist, droht mir ansonsten durchaus eine Strafanzeige oder sonstiger Ärger wie beispielsweise ein Hausverbot.

Wann habe ich ein Recht auf Umtausch?

Worum geht es?

Ich kann mich oft ziemlich schwer entscheiden. Habe ich dann etwas gekauft, kann es durchaus passieren, dass ich mir überlege, ob es nicht vielleicht doch besser gewesen wäre, wenn ich mich für anderes Produkt entschieden hätte. Wenn ich etwas verschenke, kann ich daher auch verstehen, dass das Produkt möglicherweise doch nicht hundertprozentig gefällt und ein Umtausch erwünscht sein könnte. Es geht in einer solchen Situation also gar nicht darum, dass das Produkt fehlerhaft ist, sondern dass ich nach dem Einkauf feststelle, dass ich das T-Shirt lieber in einer anderen Farbe hätte oder die Hose in einer Nummer größer möglicherweise doch etwas besser passt. Kann ich auch dann die Ware wieder umtauschen, wenn ich sie noch gar nicht getragen oder benutzt habe?

Wie sieht es rechtlich aus?

Bei einem Kauf in einem stationären Geschäft gibt es nach dem Gesetz erst einmal gar kein Umtauschrecht. Natürlich kann ein Händler aber immer freiwillig ein Umtauschrecht einräumen. Wenn der Händler aber völlig freiwillig dem Kunden ein entsprechendes Recht eingeräumt hat, dann kann er natürlich auch die Spielregeln für diesen Umtausch frei bestimmen. Der Verkäufer kann also festlegen, dass ein Umtausch nur möglich ist, solange die Etiketten noch an der Kleidung sind. Ebenso kann der Händler festlegen, dass für den Umtausch der Bon vorzulegen ist. Auch eine Frist für einen Umtausch kann der Händler festlegen. Oft werde ich auch einfach auf den guten Willen des Händlers angewiesen sein. Anders sieht es nur dann aus, wenn ich bei dem Einkauf im Laden direkt einen Hinweis darauf gesehen habe, dass der Händler nach seinen Allgemeinen Geschäftsbedingungen einen Umtausch ermöglicht. Daran muss sich dann auch der Händler halten. In Anlehnung an die Regeln bei Onlinegeschäften wird dort sicherlich oft auch geregelt sein, dass für versiegelte Hygieneprodukte und schnell verderbliche Ware kein Umtauschrecht eingeräumt wird.

Mein Tipp!

Wer wie ich schon beim Kauf oft unsicher ist, sollte genau darauf achten, ob der Händler eine Möglichkeit zum Umtausch einräumt. Fehlt ein solcher Hinweis, kann ich natürlich nachfragen und ggf. mit dem Händler individuell und vorab eine Umtauschmöglichkeit vereinbaren. Idealerweise hält man dies kurz schriftlich fest. Ein kurzer Vermerk auf dem Kassenbon wie »Umtausch möglich« reicht völlig aus und ich habe einen Nachweis, falls der Verkäufer sich später nicht mehr an mich erinnert.

Keine Gegenleistung für einen Gutschein: Ist das möglich?

Worum geht es?

Gutscheine sind immer noch der Klassiker bei Geschenken. Egal, ob Geburtstag oder Weihnachten, mit einem Geschenkgutschein kann ich doch eigentlich nichts falsch machen, oder? Tatsächlich haben aber auch Geschenkgutscheine ihre Tücken. Ich habe mir durchaus schon die Frage gestellt, ob ich mir nicht einfach das Geld auszahlen lassen kann. Wie sieht es aus, wenn ich den Wert des Gutscheins nicht vollständig einlöse? Bekomme ich dann den Rest ausgezahlt? Und wie lange kann ich so einen Gutschein überhaupt einlösen?

Wie sieht es rechtlich aus?

Fangen wir mit der wohl wichtigsten Information an: Grundsätzlich kann ich einen Gutschein nur gegen Ware oder Dienstleistungen eintauschen und mir NICHT den Geldwert des Gutscheins auszahlen lassen. Dies gilt leider auch für einen nicht genutzten Restwert des Gutscheins. Es ist also durchaus möglich, dass ein Teil des Gutscheins praktisch verfällt. Natürlich kann mir der Händler entgegenkommen, aber dann bin ich eben auch auf die Kulanz des Händlers angewiesen. Insgesamt kann der Händler, der den Gutschein herausgibt, die Regel für das Verwenden des Gutscheins festlegen. Gutscheine können daher durch Allgemeine Geschäftsbedingungen (AGB) auch zeitlich befristest werden. Eine zu kurze Gültigkeitsdauer, etwa von einem Jahr, kann aber eine unangemessene Benachteiligung für mich als Verbraucher bedeuten und daher unwirksam sein, sodass die Befristung nicht gilt. Völlig frei ist der Händler in der Gestaltung seiner AGB also nicht. Eine Grenze ist immer da erreicht, wo eine Klausel für mich als Kunde überraschend ist oder mich unangemessen benachteiligt. Solche Regelungen in den AGB werden grundsätzlich ungültig sein. Auch nach dem Gesetz kann aber ein Gutschein wertlos werden. Ist nämlich die allgemeine Verjährungsfrist von drei Jahren eingetreten, dann muss der Händler den Gutschein nicht mehr einlösen.

Mein Tipp!

Für diejenigen, die wie ich immer vergessen, ihren Gutschein rechtzeitig einzulösen, ist gut zu wissen, dass ich auch noch nach der vertraglichen Gültigkeitsdauer, aber vor Ablauf der dreijährigen gesetzlichen Verjährung die Erstattung des Wertes des Gutscheins verlangen kann. Dies bedeutet, dass ich den Gutschein zwar nicht mehr einlösen kann und auch nicht die volle Summe ausgezahlt bekomme, aber doch zumindest einen Teil.

Ware defekt: Richtig beschweren und das Maximum rausholen!

Worum geht es?

Es kommt immer wieder vor, dass Produkte, die ich gekauft habe, leider nicht die Qualität haben, die ich mir gewünscht hätte. Dies zeigt sich regelmäßig dadurch, dass schon nach recht kurzer Zeit Mängel auftreten. Das Bügeleisen wird nicht mehr richtig heiß, der Computer flackert oder das Auto beschleunigt nicht mehr richtig. So sollte es natürlich nicht sein. Doch was kann ich dann eigentlich machen?

Wie sieht es rechtlich aus?

Hier ist das Recht auf jeden Fall auf meiner Seite. Grundsätzlich hat jeder Käufer einen Anspruch darauf, dass die Ware fehlerfrei ist und auch ggf. eine vereinbarte Beschaffenheit aufweist. Wenn also versprochen wurde, dass der Wasserkocher leuchten muss, wenn das Wasser kocht, dann muss er das auch tun. Ist dies nicht der Fall, so habe ich als Kunde gegenüber dem Verkäufer die sogenannten gesetzlichen Gewährleistungsrechte, die ich grundsätzlich auch zwei Jahre lang geltend machen kann. Ich habe danach den Anspruch auf Beseitigung des Mangels oder Lieferung einer mangelfreien Sache. Klappt es mit der Reparatur auch beim zweiten Anlauf nicht, habe ich in der Regel entweder den Anspruch, den Kaufpreis zu mindern, also zu reduzieren, oder vom Vertrag zurückzutreten, wenn es sich um einen erheblichen Mangel handelt. Trete ich vom Vertrag zurück, kann der Verkäufer allerdings für die Zeit, in der ich den gekauften Gegenstand nutzen konnte, eine Nutzungsentschädigung verlangen. Diese wird aber regelmäßig in einer überschaubaren Größenordnung liegen. Grundsätzlich muss ich als Verbraucher allerdings darlegen und ggf. auch beweisen, dass der Mangel schon von Anfang an vorhanden war. Auch hier hilft mir aber eine gesetzliche Regelung. Danach wird vermutet, dass der Mangel von Anfang an da war, wenn sich dieser innerhalb eines Jahres ab Erhalt der Ware zeigt. Problematisch wird es, wenn der Verkäufer die Sache vollkommen zutreffend und richtig beschrieben hat, ich selbst aber von anderen Eigenschaften ausgegangen bin. Dann wird es gerade bei einem Kauf in einem Geschäft nicht möglich sein, den Kauf rückabzuwickeln.

Mein Tipp!

Zeigen sich Mängel, sollte ich dies nicht akzeptieren, sondern mich zeitnah (!) an den Verkäufer wenden und schriftlich unter Fristsetzung zur Beseitigung des Mangels auffordern. Die Fristsetzung ist heute nicht mehr unbedingt erforderlich, aber häufig sinnvoll, allein schon, um die Sache im Blick zu behalten.

Mit einer Frist von zwei Wochen für den Verkäufer liegt man meistens richtig. Reagiert der Verkäufer gar nicht, sollte ich noch einmal erinnern, aber auch schon androhen, dass ich ansonsten Geld zurückverlangen werde. Wer so vorgeht, bleibt in der Regel nicht auf einem Schaden sitzen und auch ein Gang zum Anwalt wird gar nicht nötig sein.

Sperriges Möbelstück bei Lieferung defekt: Wie läuft die Rücksendung?

Worum geht es?

Ich bin ziemlich perfektionistisch und checke jede Lieferung, die ich bekomme, immer direkt. Auch bei größeren Haushaltsgegenständen oder Möbeln muss ich manchmal nach der Lieferung feststellen, dass die neuen Teile bereits kleine oder größere Beschädigungen aufweisen. Bei kleineren Gegenständen würde ich diese einfach wieder einpacken und zurücksenden, aber bei großen Möbeln ist die Rücksendung natürlich oft nicht ganz leicht. Aber muss ich überhaupt um die Rücksendung kümmern und diese auch bezahlen? Ich habe schließlich gar nichts falsch gemacht und der Fehler lag beim Verkäufer oder Transportunternehmen. Welche Rechte oder auch Pflichten habe ich also in einer solchen Situation?

Wie sieht es rechtlich aus?

Sollte ich direkt beim Auspacken feststellen, dass gelieferte Möbel oder andere Großgeräte schon Beschädigungen haben, dann ist der richtige Ansprechpartner für meine Beschwerde der Verkäufer, nicht das Transportunternehmen. Mit dem Transportunternehmen kann sich der Verkäufer auseinandersetzen. Ich muss die Mängel nur möglichst kurzfristig dem Verkäufer anzeigen. Der Verkäufer muss dann entweder nachbessern, also reparieren, oder ein mangelfreies neues Möbelstück liefern, also eine Nachlieferung vornehmen. Die Kosten für eine Nacherfüllung, also eine Nachbesserung oder Nachlieferung, muss ebenfalls der Verkäufer tragen. Hier wurde sogar schon gerichtlich auf europäischer Ebene entschieden, dass in derartigen Konstellationen der Verkäufer für den Rücktransport verantwortlich ist. Der Verkäufer muss also nicht nur die Kosten dafür übernehmen, sondern auch die komplette Organisation des Rücktransportes übernehmen. Dies gilt immer dann, wenn der Transport bei schwerer und sperriger Ware für mich als Käufer mit erheblichen Unannehmlichkeiten verbunden ist. Auch in Bezug auf die Frage, wie ich beweisen kann, dass der Mangel von Anfang an vorhanden war, sieht die Rechtslage für mich als Verbraucher sehr gut aus. Es gilt nämlich auch in dieser Konstellation die gesetzliche Vermutung, dass ein Mangel, der sich innerhalb eines Jahres ab Erhalt der Ware zeigt, direkt von Anfang an vorgelegen hat. Der Verkäufer müsste also nachweisen, dass der Mangel nicht von Anfang an vorgelegen hat.

Mein Tipp!

Wichtig ist, dass ich einen Mangel zeitnah anzeige, wenn ich ihn entdecke. Auch wenn die Beweislast dafür, dass der Mangel nicht von Anfang an da war, bei dem Verkäufer liegt, sollte ich Fotos des Mangels erstellen. Inzwischen ist es gesetzlich zwar so geregelt, dass es nicht unbedingt erforderlich ist, eine Frist zu setzen, bevor ich von einem Vertrag zurücktrete. Es ist dennoch ein guter Tipp, dem Händler schriftlich eine Frist zur Nacherfüllung zu setzen und auch direkt seine Pflicht zum Rücktransport anzusprechen. So ist für alle Beteiligten völlig klar, dass ansonsten mein Rücktritt vom Vertrag droht, und es gibt später dazu keine Diskussionen.

Schnäppchen heute im Prospekt und schon ausverkauft! Ist das zulässig?

Worum geht es?

Ich liebe Schnäppchen. Daher sehe ich immer leidenschaftlich gerne Prospekte nach Sonderangeboten durch. Wenn etwas wirklich Interessantes dabei ist, mache ich mich tatsächlich oft auch direkt auf den Weg, damit mir das Schnäppchen nicht entgeht. Natürlich passiert es dennoch immer wieder, dass es mit dem Schnäppchen leider nicht klappt und ich vor einem leeren Regal mit dem Hinweis »Leider nur solange der Vorrat reicht« stehe. Aber ist das eigentlich zulässig? Habe ich möglicherweise sogar einen Anspruch darauf, dass mir das beworbene Produkt zum Schnäppchenpreis verkauft wird?

Wie sieht es rechtlich aus?

Grundsätzlich müssen Angebote tatsächlich in ausreichender Menge und auch während eines angemessenen Zeitraums verfügbar sein. Gesetzlich ist allerdings nicht genauer geregelt, was man denn nun konkret darunter zu verstehen hat. Es kommt also immer auf den Einzelfall an. Man sagt im Allgemeinen, dass Waren des täglichen Bedarfs in aller Regel für zwei Tage ab Verkaufsbeginn verfügbar sein sollten und Sonderangebote wenigstens für sechs Stunden. Auch der Hinweis »Nur solange der Vorrat reicht« würde daran erst mal nichts ändern. Nun kommt aber der absolute Wermutstropfen: Auch wenn es keine reelle Chance für mich auf den Kauf des Produkts gab, dann besteht für mich als Verbraucher leider dennoch kein Anspruch auf das Lockangebot. Um aber solch einer irreführenden Werbung Einhalt zu bieten, macht es Sinn, der Verbraucherzentrale das Lockangebot und die konkreten Umstände dazu zu melden. Die Verbraucherzentrale kann einen sogenannten Unterlassungsanspruch gegenüber dem Unternehmen geltend machen.

Mein Tipp!

Gerade wenn ich feststelle, dass ein Unternehmen wiederholt mit Lockangeboten arbeitet, sollte ich das Unternehmen der Verbraucherzentrale melden, damit die Verbraucherzentrale einen Unterlassungsanspruch prüfen kann. Zudem kann ich als Verbraucher seit dem Jahr 2022 möglicherweise auch einen Schadensersatzanspruch zum Beispiel für die Fahrtkosten geltend machen, wenn ich extra wegen des Lockangebotes zu dem entsprechenden Geschäft gefahren bin und dann die Ware gar nicht kaufen konnte.

Als Gast ist meine Reservierung im Restaurant unverbindlich, oder?

Worum geht es?

Gute Restaurants sind sehr gefragt. Gerade am Wochenende nehme ich daher immer eine Reservierung vor, wenn ich sichergehen will, dass es mit einem Platz bei dem Lieblingsitaliener klappt. Auch und besonders, wenn ich mit vielen Freunden gemeinsam einen Restaurantbesuch plane, ist eine Reservierung meistens sinnvoll. Es kann aber natürlich immer einmal spontan etwas dazwischenkommen. Kennen wir alle. Aber muss ich dann eigentlich die Reservierung absagen oder ist eine Reservierung für mich völlig unverbindlich? Was könnte mir denn überhaupt drohen, falls ich die Reservierung nicht absage?

Wie sieht es rechtlich aus?

Tatsächlich ist durchaus umstritten, inwieweit eine reine Reservierung für mich als Gast schon Verpflichtungen mit sich bringt, wenn ich noch kein konkretes Essen bestellt, sondern »nur« einen Tisch reserviert habe. Wurde bereits das konkrete Essen vereinbart, wird man eine Verpflichtung annehmen. Es lässt sich allerdings auch ziemlich gut begründen, dass mich auch schon gewisse vorvertragliche Pflichten treffen, wenn ich »nur« einen Tisch reserviert habe. Immerhin sagt der Wirt damit schon zu, dass er für mich Plätze frei halten wird, und ich erkläre damit, dass ich die Angebote des Restaurants in Anspruch nehmen werde. Um seinen Verpflichtungen nachzukommen, muss der Gastwirt dann möglicherweise auch andere Gäste wegschicken und verliert dadurch natürlich die Möglichkeit, Geld zu verdienen. Daher dürfte schon deutlich werden, dass es für einen Restaurantbetreiber durchaus einen erheblichen finanziellen Schaden bedeuten kann, wenn ein Tisch reserviert wird, aber niemand erscheint. Insbesondere wenn für viele Personen reserviert wurde, wird der Restaurantinhaber unter Umständen einige Gäste abweisen müssen und der Schaden für ihn entsprechend hoch sein. Obwohl ein finanzieller Schaden entsteht, sind viele Wirte dennoch sehr großzügig und nehmen niemanden in Regress, wenn eine Reservierung nicht eingehalten wird.

Mein Tipp!

Auch wenn durchaus umstritten ist, inwieweit eine nicht abgesagte Reservierung zu Schadensersatzansprüchen führt, sollte ich die Tischreservierung vorsorglich kurz absagen, wenn ich nicht erscheinen werde. Zum einen ist dies natürlich schon aus Fairnessgesichtspunkten gegenüber dem Restaurantbetreiber besser, aber auch um Risiken zu vermeiden, sollte dies geschehen. Je nach Umfang der Reservierung kann der Schaden, über den ich sodann unter Umständen streiten muss, ziemlich hoch sein. Demgegenüber ist ein Anruf, mit dem ich die Reservierung absage, ein Leichtes.

Wann ist eine Portion zu klein und was kann ich dann machen?

Worum geht es?

Manchmal ist es gar nicht so leicht zu erkennen, dass etwas teurer geworden ist, denn nicht unbedingt der Preis wird höher, sondern vielleicht wird einfach die Leistung, die ich für mein Geld bekomme, weniger. Wir kennen das häufig von Verpackungen im Supermarkt. Aber ist die Leistung irgendwann zu klein? Habe ich im Restaurant einen Anspruch darauf, dass die Portion eine bestimmte Größe hat? Aber was genau bedeutet denn eine »zu kleine Portion«? Ist also ein handflächengroßes Schnitzel mit fünf Pommes eine »zu kleine« Portion? Und welche Ansprüche habe ich, falls die Portion wirklich zu klein ist?

Wie sieht es rechtlich aus?

Natürlich gibt es kein Gesetz, in dem konkret geregelt ist, wie groß eine Essensportion in einem bestimmten Restaurant sein muss. Dennoch ist es durchaus möglich, dass eine Portion als »zu klein« angesehen wird. Um dies zu beurteilen, sehen sich Juristen immer die genauen Umstände des Einzelfalls an. Gibt es irgendwelche Hinweise auf die Größe der Portion in der Karte? Wenn dies der Fall ist, dann muss sich das Restaurant selbstverständlich an diese Angaben halten und der Gast weiß auch, was er für sein Geld bekommen wird. Fehlt ein solcher Hinweis, wird natürlich auch zu berücksichtigen sein, was ich regelmäßig erwarten kann. So werde ich in einem Brauhaus eine größere Portion erwarten dürfen als in einem Sternerestaurant. Entscheidend ist juristisch der sogenannte objektive Empfängerhorizont. Was würde also eine durchschnittliche Person erwarten? Lässt sich aus den Umständen nichts Näheres herleiten, wird man regelmäßig von einer Portion in »mittlerer Art und Güte« ausgehen. Auch hierbei würde aber natürlich berücksichtigt werden, in welcher Art von Restaurant ich mich befinde. Wer also in einem Brauhaus bei einer regulären Bestellung ohne weitere Einschränkungen lediglich drei Pommes erhält, dessen Portion wird als zu klein angesehen werden. Ich sollte mich daher direkt beschweren und Nacherfüllung verlangen, also eine Portion »normaler« Größe. Wenn dies scheitert, kann ich vom Vertrag zurücktreten oder mindern. Weigert sich der Wirt aber, mehr Pommes zu liefern, kann ich das ganze Essen zurückgehen lassen und die Bezahlung verweigern oder eben für die zu kleine Portion auch entsprechend weniger bezahlen.

Mein Tipp!

Wer im Restaurant meint, dass er eine zu kleine Portion erhalten hat, sollte zunächst nochmals einen Blick in die Karte werfen, um sich zu vergewissern, ob dort vielleicht Einschränkungen zu den Portionsgrößen zu finden sind. Bin ich nicht zufrieden und möchte ich mich beschweren, dann sollte ich auf keinen Fall damit beginnen, die viel zu kleine Portion zu essen und mich erst im Nachgang zu beschweren. In einer solchen Konstellation ist es immer wichtig, dass ich sofort sachlich die Größe der Portion reklamiere.

Darf ich als Erwachsener eine Kinderportion bestellen?

Worum geht es?

Manchmal möchte ich vielleicht auch als Erwachsener eher etwas für den »kleinen Hunger« haben und überlege, nur eine Kinderportion zu bestellen. In manchen Restaurants findet sich allerdings bereits in der Speisekarte der Hinweis, dass Kinderportionen nur für Gäste bis zu einem bestimmten Alter verkauft werden. Manchmal weist vielleicht auch der Kellner hin, dass die Kinderportion eben auch nur für Kinder bestellt werden kann. Aber ist das eigentlich in Ordnung oder habe ich auch als Erwachsener einen Anspruch auf eine Kinderportion, wenn eine solche in der Karte angeboten wird?

Wie sieht es rechtlich aus?

Hier ist die Antwort leider völlig eindeutig: Einen Anspruch auf einen Kinderteller gibt es nicht. In Deutschland gilt nämlich grundsätzlich die Vertragsfreiheit. Ich muss also auch als Restaurant mit niemanden zwingend einen Vertrag abschließen und eine bestimmte Leistung anbieten. Wer den Kinderteller bekommt, entscheidet allein das Restaurant. Möglich wäre es sogar, dass selbst für das Kind kein Kinderteller bestellt werden kann. Meistens liegt das natürlich nicht daran, dass das Restaurant mit mir keinen Vertrag über einen Kinderteller abschließen will, sondern eher daran, dass der Kinderteller vielleicht schon ausverkauft ist. Eine Speisekarte stellt also grundsätzlich eine Einladung zur Bestellung dar und kein verbindliches Angebot, welches ich als Gast nur noch annehmen müsste. Auch bei anderen Angeboten wie Seniorentellern oder auch All-you-can-eat-Angeboten gilt daher, dass das Restaurant letztlich entscheiden kann, ob es tatsächlich meine Bestellung annehmen kann und will.

Mein Tipp!

Einen Anspruch darauf, dass das Restaurant mir eine bestimmte Speise oder ein bestimmtes Getränk serviert, habe ich aber nicht. Ich bin daher auf den guten Willen des Restaurants angewiesen. Wer nur etwas für den kleinen Hunger möchte, findet vielleicht auf der Speisekarte eine entsprechende Rubrik. Natürlich kann ich auch immer mit dem Wirt reden und über den Preis eine Lösung finden, mit der sowohl der Gast wie auch der Restaurantbetreiber leben kann. In vielen Fällen wird sich das Restaurant sicherlich kulant zeigen und dem Wunsch des Gastes nachkommen.

Suppe versalzen? Brot steinhart? Welche Rechte habe ich?

Worum geht es?

Leider ist das Essen in Restaurants nicht immer so, wie man es sich wünscht. Natürlich muss man berücksichtigen, dass die Geschmäcker verschieden sind, aber bei bestimmten Aspekten muss man leider sagen, dass die Bewirtung so sicherlich nicht in Ordnung ist. Ob die Suppe mehr Salz hätte vertragen können, darüber kann man vielleicht streiten. Ist die Suppe aber total versalzen, liegt ein Mangel vor. Auch nicht jedes Brot kann superknackig sein, aber wenn ich Angst um die Zähne haben muss, wenn ich in das Brot beiße, geht das zu weit. Welche Rechte habe ich eigentlich, wenn das Essen im Restaurant mangelhaft ist, und wie setze ich diese Rechte durch?

Wie sieht es rechtlich aus?

Auch für Juristen ist die Frage, welche Rechte ich in so einer Situation habe, gar nicht so einfach zu beantworten. Grundsätzlich richten sich meine Rechte danach, um welche Art von Vertrag es sich handelt. Interessant bei einem Restaurantbesuch ist allerdings, dass völlig verschiedene Leistungen erbracht werden. Es sind daher auch völlig verschiedene Vertragstypen denkbar. Zum einen werde ich natürlich bewirtet, mir werden also Essen und auch Getränke gebracht. Dies könnte ein Dienstleistungsvertrag sein. Die Zubereitung in der Küche wäre wahrscheinlich eher als Werkvertrag anzusehen. Und schließlich werden natürlich auch die Speisen und Getränke verkauft, sodass auch Elemente eines Kaufvertrages vorliegen. In einer solchen Konstellation richtet sich das Recht dann regelmäßig danach, wo der wesentliche Charakter des Vertrages liegt. Auch wenn verschiedenste Vertragstypen bei einem Restaurantbesuch eine Rolle spielen, wird man den Schwerpunkt wohl im Kaufvertrag sehen, also darin, dass ich Speisen und Getränke kaufe. Daher richten sich die Rechte bei Problemen und Mängeln nach den Gewährleistungsansprüchen, die wir auch schon im Zusammenhang mit anderen Kaufverträgen beleuchtet haben. Ist das Essen also nicht in Ordnung, habe ich danach zunächst einen Anspruch auf Nacherfüllung, also auf Austausch der entsprechenden Speise. Passiert dies nicht, kann ich vom Vertrag zurücktreten oder den Preis mindern. Weigert sich der Wirt also, eine Suppe zu bringen, die weniger salzig ist, kann ich mich entscheiden, ob ich die Suppe für ungenießbar halte, sie zurückgehen lasse und mein Geld zurückverlange oder ob ich die Suppe esse, aber später über den Preis diskutiere.

Mein Tipp!

Wenn das Essen wirklich ungenießbar ist, sollte ich auf keinen Fall zähneknirschend das Essen verzehren und mich erst im Anschluss beschweren. Zum einen wird es dann natürlich kaum noch möglich sein, darzulegen und überhaupt zu beweisen, dass das Essen tatsächlich mangelhaft war. Zum anderen wird man sich natürlich die Frage gefallen lassen müssen, ob denn wirklich ein so erheblicher Mangel vorlag, wenn ich als Gast die Speise trotzdem gegessen habe. Auch hier gilt also wieder, dass ich mich unverzüglich beschweren und sachlich und klar sagen sollte, wo genau der Mangel liegt. Wer die Suppe isst, kann zwar versuchen, eine Preisminderung geltend zu machen, aber es wird natürlich reichlich Diskussionsspielraum geben. Besser ist daher in praktischer Hinsicht, eine Entscheidung zu treffen und die Suppe gar nicht zu essen oder eben auch vollständig zu bezahlen.

Darf ich einfach gehen, wenn das Essen oder die Rechnung nicht kommt?

Worum geht es?

Es wird in vielen Bereichen immer schwieriger, Mitarbeiter zu finden. Restaurants sind da keine Ausnahme. Obwohl ich eigentlich ziemlich ungeduldig bin, habe ich daher ziemlich viel Verständnis. Oft wird von Restaurants auch direkt auf längere Wartezeiten beim Service, also auch bei der Essensbestellung und der Rechnung, hingewiesen. Aber was kann ich eigentlich tun, wenn das Essen oder die Rechnung einfach gar nicht kommt? Darf ich wirklich einfach aufstehen und ohne Bezahlung gehen oder drohen mir dann vielleicht sogar strafrechtliche Konsequenzen?

Wie sieht es rechtlich aus?

Natürlich muss man dem Restaurant eine gewisse Zeit zubilligen, die bestellten Speisen zuzubereiten. Auch Restaurantbesucher müssen aber nicht alles hinnehmen. Bei der Frage, wie lange ich denn warten muss, wird es allerdings auf die konkreten Gegebenheiten ankommen. In einem Schnellimbiss werde ich natürlich einen schnelleren Service erwarten dürfen als in einem Restaurant. So gibt es Urteile, nach denen ich bei einer Wartezeit von 45 Minuten die Rechnung um zehn Prozent reduzieren darf und nach 90 Minuten sogar um 30 Prozent. Bei einem mehrgängigen Menü wird allerdings eine Wartezeit von ca. einer Stunde auch noch als durchaus akzeptabel angesehen. Wurde schon durch ein Schild, einen Hinweis in der Karte oder bei der Bestellung darauf hingewiesen, dass die Wartezeit aufgrund fehlenden Personals (erheblich) länger sein könnte, werde ich auf jeden Fall mehr Geduld mitbringen müssen. Bevor ich das Restaurant ganz ohne Bezahlung verlasse, würde ich auf jeden Fall mindestens 45 Minuten warten und mindestens dreimal nach der Rechnung gefragt und auch schon deutlich darauf hingewiesen haben, dass ich nach der dritten Erinnerung das Restaurant verlassen werde. Dennoch wäre es nicht zulässig, einfach so ohne Bezahlung zu gehen. Wenn ich dreimal erinnert habe, wird es aber als zulässig erachtet, wenn ich das Restaurant verlasse und meine Adresse für die Rechnungsstellung notiere. Wer allerdings von Anfang an vorhatte, die Rechnung nicht zu begleichen, und eben auch das Restaurant verlässt, ohne die Rechnung zu begleichen, der macht sich tatsächlich wegen Betruges strafbar.

Mein Tipp!

In vielen anderen Bereichen gilt der Grundsatz: Reden ist Silber; Schweigen ist Gold. Hier ist es eher andersrum. Natürlich kann ich direkt bei der Bestellung nach der Wartezeit fragen. Ist diese ungewöhnlich lang, kann ich mich auch gegen die Bestellung entscheiden. Bemerke ich, dass das Essen sehr lange auf sich warten lässt, sollte ich auch hier immer wieder nachfragen. Natürlich ist es unschön, wenn ich alle paar Minuten wiederum an die eigene Bestellung erinnere. Es hilft dem Gastwirt aber auch nicht, wenn ich plötzlich völlig erbost das Restaurant verlasse und dieser gar nicht nachvollziehen kann, was meinen Unmut ausgelöst hat. Hier sollte ich als Gast einige »Warnhinweise« geben und vielleicht kann mir dann das Restaurant auch mit einer Runde Getränke die Wartezeit versüßen.

Kein Gast, aber die Toilette nutzen: Darf ich das?

Worum geht es?

Das Problem kennt wohl jeder: Man ist in der Stadt unterwegs und muss (!) plötzlich dringend zur Toilette. Öffentliche Toiletten sind eher selten und daher liegt es natürlich nahe, in ein Restaurant zu gehen und dort die Toilette zu benutzen. Aber ist es eigentlich okay, die Restaurant-Toilette zu nutzen, wenn ich gar nicht Gast des Restaurants bin? Oder habe ich vielleicht sogar einen Anspruch auf Nutzung der Toiletten? Es ist ja gewissermaßen eine Art Notfall!

Wie sieht es rechtlich aus?

Rechtlich ist die Antwort eindeutig: Restaurants haben natürlich das Hausrecht und können daher bestimmen, dass nur Gäste die Toilette nutzen dürfen. Entsprechend ist es rechtlich auch völlig okay, dass manche Restaurants oder Kneipen für die Nutzung der Toiletten durch Nicht-Gäste Geld verlangen. Da ich also im schlimmsten Fall vom Restaurant, der Kneipe oder auch sonstigen Läden abgewiesen werden darf, gab es sogar schon Klagen von Bürgern, die eine Stadt per Gericht verpflichten wollten, für (mehr) öffentliche Toiletten zu sorgen. Allerdings gibt es leider auch keinen Anspruch auf öffentliche Toiletten. Entsprechend war auch dieser Versuch erfolglos. Letztlich ist gerichtlich sogar auch schon geklärt worden, dass es auch keinen Anspruch auf kostenfreie Toiletten an Autobahnen gibt, auch wenn die Möglichkeiten, eine Toilette zu finden, dort natürlich noch begrenzter sind als in der Stadt.

Mein Tipp!

Die Rechtslage ist hier so eindeutig, dass es tatsächlich nur hilft, nach einer öffentlichen Toilette zu suchen, für die Nutzung der Toilette zu zahlen oder auf die Kulanz eines Restaurants zu hoffen.

An der Kasse zu viel Wechselgeld bekommen: Muss ich etwas sagen?

Worum geht es?

An der Supermarktkasse muss es schnell gehen. Dort kann es auch schon einmal zu Fehlern und Verwechslungen kommen, sodass statt auf den gegebenen 20-Euro-Schein auf einen 100-Euro-Schein herausgegeben wird. Bin ich in dieser Situation eigentlich verpflichtet, die Kassiererin auf ihren Irrtum hinzuweisen, oder darf ich das Geld einfach einstecken? Moralisch gesehen ist die Antwort natürlich absolut eindeutig. Ehrlich, fair und nett wäre es, die Kassiererin auf ihren Fehler hinzuweisen und das überzählige Geld herauszugeben.

Wie sieht es rechtlich aus?

Auch wenn es überraschen mag: Ich mache mich tatsächlich nicht strafbar, wenn ich das überzählige Geld einfach einstecke. Ein Diebstahl liegt nicht vor, da Diebstahl immer Wegnahme eines Gegenstandes voraussetzt. Das Geld wurde der Kassiererin hier aber nicht weggenommen, sondern sie hat es mir freiwillig herausgegeben. Auch der Betrugstatbestand wäre nicht erfüllt. Ein Betrug würde voraussetzen, dass ich als Kunde den Irrtum bei der Kassiererin ausgelöst habe, was natürlich auch nicht der Fall ist. Auch wenn ich auf den Irrtum nicht hinweise, scheidet eine strafbare Täuschung der Kassiererin aus. Eine Strafbarkeit wegen eines Unterlassens setzt nämlich voraus, dass eine sogenannte Garantenstellung vorliegt, also ein besonderes Nähe- oder Vertrauensverhältnis. Auch wenn es also moralisch sicherlich nicht in Ordnung ist, mache ich mich nicht strafbar, natürlich hätte aber die Kassiererin einen Anspruch auf Herausgabe des zu viel gegebenen Wechselgeldes, wenn ihr der Irrtum doch noch auffällt.

Mein Tipp!

Es ist sicherlich immer gut, seine Rechte und Pflichten zu kennen. Nicht immer sollte ich aber vielleicht ausschließlich das machen, wozu ich durch gesetzliche Sanktionen verpflichtet bin. Die Kassiererin im heimischen Supermarkt sehe ich sicher öfter und freue mich vielleicht auch, wenn diese andersrum einmal darauf hinweist, wenn ich vielleicht einmal versehentlich den falschen, viel zu großen Schein zur Zahlung reiche. Wer sich fair verhält, der kann aber in aller Regel auch ohne anwaltliche Prüfung sicher sein, dass er gegen kein Gesetz verstößt.

2. Kapitel:

Der alltägliche Wahnsinn

Alltagsfragen einfach lösen

Tattoo geht total schief: Kann ich da rechtlich was retten?

Worum geht es?

Fehler passieren. Das kennen wir alle und ist auch nur menschlich. Nicht bei jedem Fehler denken wir daher zwangsläufig an Schadensersatz- oder Schmerzensgeldansprüche. In den meisten Fällen lassen sich Fehler auch recht unproblematisch korrigieren. Bei einem Tattoo sieht das Ganze schon anders aus. Wenn hier etwas schiefgeht, ist dies in aller Regel nicht so einfach zu korrigieren und die Konsequenzen für den Betroffenen ziemlich unangenehm. Aber wann kann man überhaupt davon sprechen, dass ein Tattoo schiefgegangen ist und welche Ansprüche habe ich dann genau?

Wie sieht es rechtlich aus?

Auch rechtlich liegt eindeutig ein Mangel vor, wenn der Tätowierer einen Namen falsch schrieben hat. Nur weil mir ein Tattoo aber vielleicht nicht gefällt, wird es allerdings keine Ansprüche gegen den Tätowierer geben. Damit ich Ansprüche geltend machen kann, muss nach objektiven Maßstäben ein Mangel vorliegen, der Tätowierer also nicht ordnungsgemäß gearbeitet haben. Neben klassischen Schreibfehlern liegen typische Mängel vor, wenn Buchstaben zu klein oder zu groß geschrieben wurden, die Schrift verwackelt ist, die Farben verlaufen oder das Tattoo schlicht unsauber gestochen wurde. Welche Ansprüche dann geltend gemacht werden können, richtet sich wieder danach, um welchen Vertragstyp es sich beim Tätowieren handelt. Immer dann, wenn letztlich der Erfolg geschuldet wird, handelt es sich um einen Werkvertrag. Ähnlich wie bei dem Bau einer Terrasse oder bei dem Schneiden von Haaren erfreue ich mich ja nicht an der Dienstleistung wie vielleicht bei einer Massage, sondern das Ergebnis zählt. Wie bei anderen Werkverträgen auch würden dem Tätowierer also Nachbesserungsversuche zustehen, um die Mängel zu beseitigen. Gesetzlich gibt es dabei nicht einmal eine Höchstgrenze für die Nachbesserungsversuche. Wer jetzt panisch daran denkt, dass er den Tätowierer, der das Tattoo schon einmal verhunzt hat, vielleicht noch öfter an seine Haut lassen muss, den kann ich beruhigen. Hier hatten auch schon Richter ein Einsehen und urteilten, dass dies nicht immer zumutbar sei. Das Vertrauen des Kunden habe in diesem Kontext besondere Bedeutung. Daher muss ich also nicht noch einmal den gleichen Tätowierer an das Tattoo lassen, mit der Befürchtung, dass es vielleicht sogar noch schlimmer werden könnte. Vielmehr kann ich die Kosten der Überarbeitung durch einen anderen Tätowierer oder auch die Laserbehandlung zum Entfernen des Tattoos als Schadensersatzanspruch geltend machen. Zusätzlich kann es auch Schmerzensgeldansprüche geben. Wie viel Schmerzensgeld im Raum steht, hängt immer vom Einzelfall ab. Hier werden die Größe des Tattoos, der konkrete Mangel und die Schmerzen aufgrund der tätowierten Stelle eine Rolle spielen.

Mein Tipp!

Ist wirklich etwas schiefgelaufen, sollte ich dies direkt gegenüber dem Tätowierer ansprechen. Um bei einem späteren Streit zu beweisen, wie das ursprüngliche Tattoo überhaupt aussah, ist es sinnvoll, direkt Fotos anzufertigen, bevor ich das Tattoo bei einem anderen Tätowierer überarbeiten lasse. Auch die Rechnung für die Korrektur sollte ich unbedingt aufheben, damit ich diese bei der Geltendmachung von Schadensersatzansprüchen vorlegen kann.

Kostenvoranschlag ist doch immer kostenfrei, oder?

Worum geht es?

Während der Handwerker einen Kostenvoranschlag schreibt, kann er keine anderen Arbeiten leisten. Immer mehr Handwerksbetriebe gehen daher dazu über, dass auch der Kostenvoranschlag bereits mit Kosten verbunden ist. Irgendwie ist das nachvollziehbar, aber ich war doch ziemlich überrascht, als ich von dem Dachdeckerunternehmen meines Vertrauens plötzlich für die Erstellung eines Kostenvoranschlages zur Kasse gebeten wurde. Aber wie sieht es rechtlich aus? Darf mir der Handwerker für den Kostenvoranschlag Kosten in Rechnung stellen? Muss mich der Handwerker nicht zumindest vorher darauf hinweisen, dass mit dem Kostenvoranschlag schon Kosten verbunden sind?

Wie sieht es rechtlich aus?

Das Gesetz ist grundsätzlich auf der Seite des Verbrauchers, sodass nach dem Gesetz ein Kostenvoranschlag im Zweifel nicht zu vergüten ist. Aber natürlich kann ich auch etwas anderes vereinbaren. Weist mich der Handwerker im Zusammenhang mit der Beauftragung zu einem Kostenvoranschlag auf mögliche Kosten hin und ich bitte dennoch um die Erstellung eines Kostenvoranschlages, so werde ich die entsprechenden Kosten übernehmen müssen. Manchmal wird aber auch argumentiert, ein Kostenvoranschlag sei branchenüblich und daher würde auch ohne ausdrücklichen Hinweis vonseiten des Handwerkers eine Vergütung anfallen. Manche gehen beispielsweise davon aus, dass dies in der Kfz-Branche üblich sei. Natürlich kann man dann darüber streiten, ob ein Kostenvoranschlag in der jeweiligen Branche wirklich branchenüblich ist. Bei einem Dachdecker scheint dies jedenfalls nicht eindeutig zu sein.

Mein Tipp!

Wenn man einmal weiß, dass mit einem Kostenvoranschlag möglicherweise bereits Kosten verbunden sein können, so ist die Lösung auch schon ziemlich einfach. Ich frage einfach beim nächsten Mal jeden Handwerker vorab, ob Kosten für den Kostenvoranschlag anfallen.

Handwerker plötzlich teurer als vereinbart: Rechtens?

Worum geht es?

Überhaupt einen Handwerker zu finden, der einen Auftrag zeitnah für mich erledigen kann, ist aktuell schwierig. Entsprechend sind auch Handwerkerleistungen oft teurer geworden. Für viele Verbraucher ist das ein guter Grund, vor Beauftragung eines Handwerkers zunächst einmal einen Kostenvoranschlag anzufordern, um die Kosten abschätzen zu können. Doch wie sieht es aus, wenn die Rechnung plötzlich deutlich höher ausfällt, als im Kostenvoranschlag angegeben? Ist das eigentlich überhaupt zulässig?

Wie sieht es rechtlich aus?

Rechtlich unterscheidet man zwischen einem Kostenvoranschlag und einem Angebot. Ein Kostenvoranschlag ist dabei nur eine Schätzung der voraussichtlichen Kosten ist. Anders sieht es aus, wenn ich ein konkretes Angebot eines Handwerkers vorliegen habe. Nehme ich als Kunde dieses Angebot an, dann ist genau festgelegt, zu welchem Preis ich welche Leistung erhalte. Eine nachträgliche Erhöhung ist dann nicht mehr möglich, da ein solches Angebot für beide Seiten verbindlich ist. Bei einem Kostenvoranschlag ist es aber nicht ausgeschlossen, dass der endgültige Preis höher ausfällt als im Kostenvoranschlag avisiert. Allerdings ist dies auch bei einem Kostenvoranschlag nur in gewissen Grenzen zulässig. Bei unwesentlichen Abweichungen werde ich die entsprechenden Kosten in aller Regel tragen müssen. Als unwesentlich werden nach der Rechtsprechung in der Regel Abweichungen von 10 bis 25 Prozent gesehen. Dies gilt insbesondere dann, wenn der Handwerker die Abweichung auch nachvollziehbar begründet. Für die Frage, ob die Abweichung unwesentlich ist, wird in der Regel die gesamte Höhe der Rechnung berücksichtigt. Dies bedeutet, dass bei einer Rechnung im dreistelligen Bereich Abweichungen um 15 Prozent eher als wesentlich angesehen werden als bei Rechnungen, die sich vielleicht sogar im sechsstelligen Bereich bewegen. Sollte für den Handwerker absehbar werden, dass der Kostenvoranschlag wesentlich überschritten wird, so muss der

Handwerker mich als Kunden zudem unverzüglich darauf hinweisen. Ist dies nicht geschehen und der Kostenvoranschlag schuldhaft zu niedrig erstellt worden, dann ist es durchaus möglich, dass ich als Kunde einen entsprechenden Schadensersatzanspruch gegenüber dem Handwerker habe. Alternativ steht mir bei einer wesentlichen Überschreitung des Kostenvoranschlags ein außerordentliches Kündigungsrecht zu.

Mein Tipp!

Wer auf Nummer sicher gehen will, der sollte seinen Handwerker um ein konkretes Angebot bitten. Möglich ist auch, dass ich mich mit dem Handwerker darauf einige, dass der Kostenvoranschlag von beiden Seiten als konkretes Angebot angesehen wird. Auch dann bin ich vor bösen Überraschungen bei der späteren Rechnungsstellung sicher.

Erst Geld, dann Arbeit: Ist es immer zulässig, einen Vorschuss zu verlangen?

Worum geht es?

Die Zahlungsmoral wird zunehmend schlechter. Aus diesem Grund arbeiten immer mehr Unternehmen nur noch nach Vorschusszahlungen. Gerade wenn Materialien angeschafft werden sollen, besteht für Handwerker ansonsten natürlich auch das Risiko, dass sie nicht nur für ihre Arbeit keinen Lohn erhalten, sondern auch noch auf den entsprechenden Materialkosten sitzen bleiben. Auf der anderen Seite nimmt auch die Zahl der Unternehmensinsolvenzen zu, sodass Vorschusszahlungen natürlich auch für Verbraucher mit einem Risiko verbunden sind. Ist es also überhaupt immer zulässig, einen Vorschuss zu verlangen?

Wie sieht es rechtlich aus?

Rechtlich ist die Situation eindeutig und sehr verbraucherfreundlich. Handwerker sind nach dem Gesetz grundsätzlich vorleistungspflichtig. Gezahlt werden muss erst, wenn die Leistung erbracht und von mir als Kunde abgenommen wurde. Möglich ist es allerdings, Abschlagszahlungen zu vereinbaren. Dann zahlt der Kunde Teilbeträge – immer erst, nachdem die entsprechende Leistung erbracht und für gut befunden wurde. Pauschale Klauseln, wonach der Handwerker regeln möchte, dass der Kunde einen Vorschuss zu zahlen hat, werden einer rechtlichen Überprüfung nicht standhalten. Möglich wäre allenfalls eine individuelle Lösung. Natürlich kann ich als Kunde dabei meinem Handwerker entgegenkommen. Eine Verpflichtung dazu gibt es aber nicht.

Mein Tipp!
Handwerker sind aktuell sehr begehrt und tatsächlich steigen auch die Materialkosten zurzeit sehr schnell an. Es kann daher für beide Seiten eine sinnvolle Lösung sein, zu vereinbaren, dass ich als Kunde eine Vorauszahlung konkret für den Einkauf von Materialien zu einem bestimmten Zeitpunkt leiste. Ich kann mir als Kunde so einen bestimmten Preis sichern und der Handwerker sein Risiko minimieren. Auch wenn es natürlich immer etwas umständlich klingt, ist es immer sinnvoll, solche Vereinbarungen schriftlich festzuhalten. Allein eine kurze E-Mail kann dabei im Streitfall einen großen Unterschied machen.

Handwerkerleistung unbrauchbar: Welche Rechte habe ich?

Worum geht es?

In aller Regel leisten Handwerker gute Arbeite. Die meisten von uns haben vermutlich irgendwann aber auch schon einmal schlechte Erfahrungen mit einer Handwerkerleistung gemacht und das präsentierte Werk entsprach so gar nicht den eignen Vorstellungen und auch nicht den Vorgaben. Doch welche Rechte habe ich eigentlich in einer solchen Situation?

Wie sieht es rechtlich aus?

Rechtlich gesehen ist ein Handwerkervertrag in aller Regel ein Werkvertrag, da der Erfolg, also die Fertigstellung eines Werkes, geschuldet ist. Im Rahmen eines Werkvertrages wird die Vergütung erst dann fällig, wenn die Leistung des Handwerkers vom Auftraggeber »abgenommen« wurde. Dies geschieht dadurch, dass ich als Kunde das Werk entgegennehme und es als im Wesentlichen vertragsgemäß anerkenne. Ist das Werk also völlig unbrauchbar, sollte ich auf keinen Fall eine Abnahme durchführen, sondern dem Handwerker eine angemessene Frist setzen, um das Werk ordnungsgemäß fertigzustellen. Ist der Mangel unwesentlich, also nur Kleinigkeiten sind nicht in Ordnung und nachzuarbeiten, so kann die Abnahme erfolgen. Wichtig ist aber, dass ich mir gleichzeitig unter Verweis auf den bestehenden Mangel meine Gewährleistungsrechte vorbehalte. Das Vorbehalten dieser Rechte ist äußerst wichtig, da ansonsten eben das Werk mit den bestehenden Mängeln als ordnungsgemäß angesehen würde. Liegt ein Mangel vor, muss der Handwerker nacherfüllen, also den Mangel beseitigen oder ein neues Werk herstellen. Gelingt ihm dies nicht oder der Handwerker macht einfach nichts, so kann ich nach Ablauf einer angemessenen

Frist den Mangel grundsätzlich selbst beseitigen bzw. beseitigen lassen und die entsprechenden Aufwendungen dafür verlangen. Möglich ist auch, die Vergütung zu mindern. Ich könnte auch ganz vom Vertrag zurücktreten und ggf. sogar Schadensersatzansprüche geltend machen, wenn mir ein materieller Schaden entstanden ist. Wenn ich allerdings vom Vertrag zurücktrete, dann besteht eben auch kein Vertrag mehr. Eigentlich würde ich dann mein Geld zurückbekommen, aber ich müsste auch das Werk zurückgeben. Allerdings ist eine Rückgabe natürlich praktisch nicht immer möglich. Gerade bei Reparaturarbeiten werde ich daher die Leistung bezahlen müssen, allerdings unter Berücksichtigung des Mangels. Liegt ein erheblicher Mangel vor und wurde daher direkt die Abnahme verweigert, besteht die Möglichkeit, eine Nachfrist zu setzen und eine Kündigung aus wichtigem Grund auszusprechen. Grundsätzlich würde aber auch bei einer Kündigung die Zahlungspflicht bestehen bleiben. Sind die bisherigen Arbeiten allerdings völlig unbrauchbar, kann die Zahlungspflicht ganz entfallen.

Mein Tipp!

Wenn ich meine, dass eine Handwerkerleistung nicht ordnungsgemäß erbracht wurde, sollte ich unbedingt alles genau dokumentieren und von dem strittigen Werk Fotos machen. Auch ein schriftliches Protokoll einer möglichen Übergabe kann sinnvoll sein. Fristen sollten ebenfalls schriftlich gesetzt werden. Je besser ich die eigenen Aussagen dokumentieren kann, desto bessere Chancen hätte ich natürlich auch in einem Rechtsstreit. Vielleicht lässt sich aber ein Rechtsstreit gerade vermeiden, weil der Gegenseite deutlich wird, dass ich alles bestens dokumentiert habe, sodass es für die andere Seite schwierig würde.

Wie schnell kann ich meinen Fitnessstudiovertrag kündigen?

Worum geht es?

Wahrscheinlich bin ich nicht die Einzige, die schon einmal einen Fitnessstudiovertrag unterschrieben und das Fitnessstudio danach kaum von innen gesehen hat. Ein echter Klassiker, sodass die Frage nach einer Kündigungsmöglichkeit von Fitnessstudioverträgen tatsächlich relativ häufig vorkommt. Wie sieht es also rechtlich aus? Wie lange darf mich das Fitnessstudio überhaupt binden und gibt es möglicherweise Sonderkündigungsmöglichkeiten bei einer Schwangerschaft oder einem Umzug?

Wie sieht es rechtlich aus?

Entscheidend für die Antwort ist hier, wann der Vertragsabschluss erfolgte. Auch hier gab es nämlich eine Verbesserung der Situation für Verbraucher. Verträge, die ab dem 01.03.2022 geschlossen wurden, können nach der Erstvertragslaufzeit von maximal zwei Jahre jederzeit mit einer Kündigungsfrist von maximal einem Monat gekündigt werden. Bei Verträgen, die vorher abgeschlossen wurden, ist aber immer noch eine automatische Verlängerung bis zu einem Jahr zulässig. Die Kündigungsfrist kann bei solchen Verträgen auch noch drei Monate zum Ende der Vertragslaufzeit betragen. Allerdings sehen sowohl alte wie auch neue Verträge bei einer Schwangerschaft manchmal tatsächlich ein vertragliches Sonderkündigungsrecht vor. Dann ist es natürlich ganz problemlos möglich, den Vertrag zu kündigen. Wenn es allerdings an einer ausdrücklichen Regelung im Vertrag fehlt, ist die Rechtslage nicht so eindeutig. Der Bundesgerichtshof sagt zwar, dass ein Recht zur außerordentlichen Kündigung aus wichtigem Grund nicht durch Allgemeine Vertragsbedingungen ausgeschlossen werden kann und eine Schwangerschaft ein Grund zur außerordentlichen Kündigung sein kann. Wann dies aber nun genau der Fall ist, wird leider nicht gesagt. Gerichte entscheiden daher sehr unterschiedlich. Manche Gerichte bejahen ein Kündigungsrecht, andere halten die Möglichkeit einer Vertragsaussetzung für ausreichend. Deutlicher wurde der Bundesgerichtshof in Bezug auf ein Sonderkündigungsrecht wegen eines Umzugs. Hierzu wurde allerdings wenig verbraucherfreundlich ausgeführt, dass der Wohnortwechsel allein in den Verantwortungsbereich des Verbrauchers fallen würde und es daher kein entsprechendes Sonderkündigungsrecht geben würde. Unerheblich ist daher auch, ob ich aus privaten oder beruflichen Gründen umziehe. Natürlich kann das Studio aber auch wieder nett sein und selbst ein Sonderkündigungsrecht für den Fall des Umzugs ausdrücklich im Fitnessstudiovertrag regeln.

Mein Tipp!

Wie bei allen Verträgen macht es auch hier Sinn, den Vertrag einmal wirklich durchzusehen, ob es möglicherweise entgegenkommende Regelungen in Bezug auf eine Kündigung gibt. Gerade bei kleineren Studios lohnt es sich auch, das Gespräch zu suchen, wenn ich beispielsweise gerne ein Sonderkündigungsrecht im Fall eines Umzuges vereinbaren würde. Natürlich ist dabei völlig klar, dass die Verhandlungen deutlich leichter sind, wenn der Vertrag noch nicht unterschrieben wurde. Dann findet man häufig eine individuelle Lösung, mit der beide Seiten gut leben können.

Mache ich mich strafbar, wenn ich Alexa nutze?

Worum geht es?

Inzwischen sind wir häufig umgeben von künstlicher Intelligenz und nutzen diese gerne. Schon seit längerer Zeit findet man daher in vielen Haushalten Sprachassistenten wie die Alexa von Amazon. Viele fürchten, dass solche Sprachassistenten auch ohne Aktivierungskommando Tonaufnahmen zum Server der Hersteller senden. Tatsächlich ist es für mich als Verbraucher natürlich schwierig, zu kontrollieren, welche Daten tatsächlich aus meinem Haus weitergeleitet werden. Kann ich mich daher vielleicht sogar strafbar machen, wenn Daten, also Gespräche, meiner Gäste einfach weitergeleitet werden? Muss ich wenigstens Gäste vorsorglich darauf hinweisen, dass in meinem Haushalt ein Sprachassistent vielleicht mithört?

Wie sieht es rechtlich aus?

Der Datenschutz hat in Europa und damit auch in Deutschland einen sehr hohen Stellenwert. Dies ist nicht nur in der Datenschutz-Grundverordnung geregelt, sondern auch in vielen Straftatbeständen. Wer unbefugt das nicht öffentlich gesprochene Wort eines anderen aufnimmt, verletzt möglicherweise die Datenschutz-Grundverordnung und erfüllt einen Straftatbestand. Hier droht eine Freiheitsstrafe von bis zu drei Jahren oder eine Geldstrafe. Als einfacher Nutzer kann ich kaum überschauen, welche Daten im Hintergrund verarbeitet werden. Genau da liegt allerdings auch das Problem. Bei Konzernen, die ihren Sitz außerhalb Europas haben, werden natürlich auch rechtliche Fragen zum Datenschutz möglicherweise anders gehandhabt als dies bei einem europäischen Konzern der Fall wäre. Wer zu Hause also einen Sprachassistenten betreibt, sollte seine Gäste darüber informieren. Auch wenn ich meine Gäste über die Nutzung informiert habe, wird man noch über Einwilligungen in Bezug auf mögliche gesammelte Daten datenschutzrechtlich diskutieren können. Dies gilt insbesondere, soweit auch Minderjährige betroffen sein könnten.

Mein Tipp!

Der Datenschutz ist und bleibt ein schwieriges Thema. Für die einen ist es ein äußerst wichtiges Thema zum Schutz der Grundrechte, für die anderen ein eher nerviges Hindernis im (beruflichen) Alltag. Fakt ist, dass uns die Diskussionen rund um den Datenschutz sicherlich erhalten bleiben. Wer daher in Bezug auf die Nutzung von Sprachassistenten ganz auf Nummer sicher gehen will, der zieht besser direkt den Stecker, wenn Gäste im Haus sind.

Oben ohne im Schwimmbad: Ist das erlaubt?

Worum geht es?

In Deutschland wird aktuell immer wieder darüber diskutiert, ob es für Frauen zulässig ist, im Schwimmbad »oben ohne« zu baden, also nur mit einer Badehose bekleidet zu sein. Während es die einen als absolute Selbstverständlichkeit ansehen, fühlen sich die anderen eher gestört. Doch wie sieht es eigentlich juristisch aus? Ist es rechtlich zulässig, als Frau oben ohne im Schwimmbad zu sein?

Wie sieht es rechtlich aus?

Grundsätzlich regelt in einem Schwimmbad oder Freibad immer die Hausordnung, was erlaubt ist und was nicht. Wenn also die Hausordnung klarstellt, dass auch für Frauen eine Badehose als Bekleidung ausreicht, wird es jedenfalls vonseiten des Schwimmbadbetreibers keine Probleme geben. Soweit die Hausordnung allerdings das Oben-ohne-Baden untersagt, kann »Frau« die Zulässigkeit der Regelung natürlich rechtlich überprüfen lassen, aber für den konkreten Schwimmbadbesuch wird »Frau« sich erst einmal an die Vorgaben der Hausordnung halten müssen. Gerichte werden dann über die Zulässigkeit der konkreten Hausordnung urteilen müssen. Eine Ungleichbehandlung bzw. Benachteiligung der Frau aufgrund des Geschlechts ist ohne einen sachlichen Grund nach dem Allgemeinen Gleichbehandlungsgesetz nicht zulässig. Rein gesetzlich ist das Nacktsein ohnehin erst einmal nicht verboten. Gerade beim Sonnen und Baden werden die meisten ohnehin an den Anblick von Frauen oben ohne gewohnt sein. In einem anderen Kontext wie in der Fußgängerzone oder im Kino kann man darüber nachdenken, ob damit der Tatbestand der »Belästigung der Allgemeinheit«, also eine Ordnungswidrigkeit, erfüllt ist. Hier müsste sich aber jemand so sehr gestört fühlen, dass er die Angelegenheit überhaupt zur Anzeige bringt. Ob ein Bußgeld verhängt wird, würde dann zudem sicherlich noch von den konkreten Umständen des Einzelfalls abhängen. Die Tendenz scheint aktuell jedenfalls eher dahin zu gehen, dass es jeder Frau selbst überlassen bleiben wird, ob sie im Schwimmbad oben ohne badet oder nicht.

Mein Tipp!

Wer als Frau überlegt, oben ohne in ein Schwimmbad zu gehen, sollte sich vorher genau die Hausordnung ansehen, um Ärger zu vermeiden. Ist dort tatsächlich festgelegt, dass es nicht zulässig ist, oben ohne zu baden, muss ich erst gegen die Hausordnung vorgehen. Die Chancen sind juristisch gar nicht schlecht. Keine gute Idee ist es aber, einfach die Hausordnung zu ignorieren. Denn dann ist Ärger vorprogrammiert.

Muss ich meinen Ausweis immer dabeihaben?

Worum geht es?

Es heißt ja immer, dass ich stets und ständig meinen Ausweis dabeihaben muss. In manchen Situationen kann das aber durchaus schwierig sein. Wenn ich einen Nachmittag im Freibad verbringe, möchte ich nicht unbedingt meinen Personalausweis mitnehmen. Ist es denn überhaupt richtig, dass ich immer meinen Ausweis dabeihaben muss? Und wem gegenüber wäre ich überhaupt verpflichtet, meinen Ausweis vorzuzeigen?

Wie sieht es rechtlich aus?

Tatsächlich wird die Ausweispflicht häufig missverstanden. Mit der sogenannten Ausweispflicht ist nämlich eigentlich gar nicht gemeint, dass ich grundsätzlich immer meinen Ausweis dabeihaben muss, sondern nur, dass jeder, der in Deutschland das 16. Lebensjahr vollendet hat, überhaupt einen Personalausweis oder Reisepass besitzen muss. Eine grundsätzliche Mitführungspflicht gibt es nicht. Für bestimmte Branchen zum Beispiel im Baugewerbe gibt es allerdings Sonderregelungen und dort muss der Ausweis tatsächlich mitgeführt werden. Eine Pflicht, den Ausweis vorzuzeigen, kann auch nur gegenüber staatlichen Behörden bestehen. Auch Behörden benötigen aber immer einen Grund, um sich den Ausweis zeigen zu lassen, und dieser Grund muss auch genannt werden. Zudem muss auch die Identitätsfeststellung nicht immer zwingend durch den Ausweis erfolgen, sondern ggf. kann auch ein Führerschein ausreichen.

Mein Tipp!

Wer jetzt überlegt, den Ausweis grundsätzlich eher zu Hause zu lassen, sollte bedenken, dass es manchmal vertraglich vereinbart sein kann, dass bestimmte (Fahr-)Karten oder Ähnliches nur in Verbindung mit dem Ausweis gültig sind. Auch wenn eine bestimmte Altersgrenze erfüllt sein muss, so beispielsweise an der Kinokasse, muss ich den Ausweis zwar nicht unbedingt vorzeigen, aber werde möglicherweise nicht reingelassen, wenn es Zweifel in Bezug auf mein Alter gibt.

Darf ich überall Cannabis rauchen?

Worum geht es?

Zum 01.04.2024 wurden die Vorschriften zum Umgang mit Cannabis in Deutschland deutlich gelockert. Volljährigen Personen ist nun der Besitz von bis zu 25 Gramm Cannabis zum Eigenkonsum erlaubt. In der eigenen Wohnung sind sogar bis zu 50 Gramm Cannabis zulässig. Aber was bedeutet dies genau? Darf ich also auch überall Cannabis konsumieren?

Wie sieht es rechtlich aus?

Das Gesetz regelt zunächst explizit, dass Minderjährigen der Konsum von Cannabis verboten ist. Ebenso ist Volljährigen der Konsum in unmittelbarer Gegenwart von Minderjährigen untersagt. Auch der öffentliche Konsum in Schulen, auf Kinderspielplätzen, Sportstätten und in deren Sichtweite ist untersagt. Die Sichtweite wird dabei durch das Gesetz definiert als ein Abstand von mehr als 100 Metern von dem jeweiligen Eingangsbereich. Wer hiergegen verstößt, begeht eine Ordnungswidrigkeit und es droht eine ordentliche Geldbuße von bis zu 30.000 Euro. Soweit also kein Kind bzw. Minderjähriger dabei ist, werde ich auf meinem eigenen Balkon kiffen dürfen. Öffentlich ist dieser Konsum grundsätzlich nicht. Aus Kreisen der Polizei ist aber zu hören, dass entscheidend sei, ob Konsumenten für Kinder und Jugendliche in Sichtweite des Balkons wären. Wie dies in der Praxis genau gehandhabt wird, bleibt abzuwarten.

Mein Tipp!

Wer Ärger vorbeugen möchte, der sollte vermeiden – womöglich noch während Schul- und Kita-Zeiten – gut sichtbar auf seinem Balkon Cannabis zu rauchen, solange noch nicht endgültig klar ist, wie in einer solchen Konstellation das Gesetz ausgelegt werden wird. Natürlich sollte man auch nicht vergessen, dass sich auch die Nachbarn nicht durch das Rauchen gestört fühlen sollten. Hier werden vermutlich ähnliche Regeln gelten wie in Bezug auf das Rauchen. Der Maßstab könnte allerdings strenger sein, auch aufgrund des teilweise als stärker empfundenen Geruches. Da die Legalisierung neu ist, gibt es aber auch insoweit noch keine Rechtsprechung dazu, welche Maßstäbe für eine Belästigung und ggf. folgende Mietminderung anzusetzen sind.

3. Kapitel:

Freunde, Familie und Schule

Ärger für den engsten Kreis vermeiden

Beim Umzug geholfen und plötzlich muss ich Schadensersatz zahlen?

Worum geht es?

Nicht immer beauftragt man für einen Umzug auch direkt ein professionelles Umzugsunternehmen. Ich bin selbst schon oft mit Hilfe von Freunden umgezogen und mindestens genauso oft habe ich selbst bei einem Umzug geholfen. Leider geht bei Umzügen meistens auch etwas zu Bruch. Doch kann ich als Umzugshelfer eigentlich in die Haftung genommen werden, wenn mir versehentlich eine Kiste aus der Hand fällt und dabei eine Vase zu Bruch geht?

Wie sieht es rechtlich aus?

Rechtlich muss man sich genauer ansehen, was die Umzugshilfe eigentlich genau ausmacht. Es könnte natürlich ein Vertrag sein, der hier gewissermaßen stillschweigend geschlossen wurde. In der Regel möchte ich mich als Umzugshelfer aber gar nicht so sehr binden, wie ich dies bei einem Vertrag tun würde. In den allermeisten Fällen bekomme ich für meine Hilfe auch kein Geld. Letztlich ist die Hilfe bei einem Umzug in aller Regel ein klassischer Freundschaftsdienst. Bei einem Freundschaftsdienst erbringe ich Leistungen freiwillig aus reiner Hilfsbereitschaft und unentgeltlich. Die Gefälligkeit endet in aller Regel dort, wo umfangreiche Tätigkeiten gegen Entgelt verrichtet werden sollen und auch beide Parteien einen sogenannten Rechtsbindungswillen haben. Gerade weil die Gefälligkeit also eine sehr besondere Konstellation darstellt, nimmt auch die Rechtsprechung für den Bereich von Gefälligkeiten tatsächlich eine besondere stillschweigende Haftungsbeschränkung an. Wer sich schon bereit erklärt, freiwillig und ohne Entgelt Leistungen zu erbringen, der soll nicht in vollem Umfang haften. Zu einer Haftung komme ich in einer solchen Konstellation daher nur dann, wenn ich vorsätzlich einen Schaden verursache oder von mir als Umzugshelfer nicht die in eigenen Angelegenheiten übliche Sorgfalt an den Tag gelegt wurde, also grob fahrlässig gehandelt wurde. Die beim Umzug beschädigte Vase ist daher ein klassisches Beispiel für einen sogenannten Gefälligkeitsschaden. Als Umzugshelfer muss ich mir keine Sorgen machen, dass ich den entsprechenden Schaden ersetzen muss, wenn ich nicht gerade vorsätzlich oder grob fahrlässig etwas beschädigt habe.

Mein Tipp!

Bei einer zerstörten Vase im Rahmen eines Umzuges wird man vielleicht nicht so schnell auf die Idee kommen, den Umzugshelfer in die Haftung zu nehmen. Anders kann es schon aussehen, wenn ich einem Freund mein Auto zur Verfügung gestellt habe, dieser Freund sodann mit dem Wagen einen Unfall hat und ich plötzlich diverse Forderungen auf mich zukommen sehe. Gerade wenn nur eine Teilkaskoversicherung abgeschlossen wurde, kann ein nicht unerheblicher Schadenanteil übrig bleiben und auch die Beiträge zur Versicherung werden vermutlich steigen. Die Schäden des Unfallgegners immerhin wird die Kfz-Haftpflichtversicherung übernehmen. Bevor ich aus reiner Gefälligkeit einem Freund mein Auto zur Verfügung stelle und das vielleicht sogar für längere Zeit, sollte ich aber vielleicht doch eine Regelung in Bezug auf die Haftung treffen. Ansonsten droht mir, dass ich auf Schäden sitzen bleibe, da eine Verpflichtung des Freundes zum Ersatz der Schäden nicht bestehen wird.

Kein Kitaplatz: So klappt es!

Worum geht es?

In vielen Regionen Deutschlands ist es äußerst schwer, einen Kitaplatz zu bekommen. Dabei ist es für Eltern und auch Kinder oft so wichtig, dass die Kinder die Möglichkeit haben, eine Kita zu besuchen. Zum einen kann es natürlich für die Entwicklung des Kindes äußerst wichtig sein. Zum anderen ist es für viele Eltern unumgänglich, um wieder arbeiten zu können. Selbst Arbeitgeber hoffen daher häufig, dass der Mitarbeiter, der sich gerade in Elternzeit befindet, einen Kitaplatz für sein Kind findet, weil man am Arbeitsplatz dringend auf seine Rückkehr wartet. Doch gibt es eigentlich rechtlich einen Anspruch auf einen Kitaplatz? Und wie sollte ich als Elternteil vorgehen?

Wie sieht es rechtlich aus?

Die rechtliche Ausgangssituation für Eltern und Kinder könnte tatsächlich kaum besser sein. Wenn es für die Entwicklung des Kindes geboten ist oder die Erziehungsberechtigten einer Erwerbstätigkeit nachgehen, Arbeit suchend sind oder sich in einer Bildungsmaßnahme bzw. Ausbildung befinden, besteht ein Anspruch auf Betreuung, selbst wenn das Kind das erste Lebensjahr noch nicht vollendet hat. Wenn das Kind das erste Lebensjahr schon vollendet hat, ist das Gesetz noch deutlicher und sagt ganz klar: Es gibt einen Anspruch auf Betreuung! Einziger kleiner Wermutstropfen: Es wird nicht unbedingt meine Wunsch-Kita. Außerdem wird erwartet, dass ich mich auch wirklich um einen Kitaplatz bemühe. In Bezug auf die Frage, wie lange mein Kind sodann betreut wird, kommt es auf den Einzelfall an. Gerichte gehen von einer Betreuungszeit von mindestens 20 Wochenstunden aus. Es kann aber durchaus deutlich mehr sein und auf bis zu 45 Stunden steigen. Eltern können sogar Aufwendungs- und Schadensersatz geltend machen, wenn das Fehlen eines Betreuungsplatzes dazu führt, dass ein Elternteil seine Berufstätigkeit voll oder teilweise aufgeben muss. Die Ansprüche richten sich dann auf Ersatz des entfallenen Verdienstes sowie Ersatz der Ausgaben für eine alternative Betreuung wie beispielsweise eine Tagesmutter.

Mein Tipp!

Ich sollte mich möglichst frühzeitig um einen Betreuungsplatz bemühen und mein Kind förmlich in meiner Wunscheinrichtung anmelden, auch wenn keine Plätze frei sind. Achtung: Die Einrichtung muss sich in der Kommune meines Wohnortes befinden. Klappt es nicht, sollte ich mir unbedingt eine schriftliche Ablehnung geben lassen. Sobald die Absage da ist, schicke ich bestenfalls direkt eine Bewerbung an andere Einrichtungen, wieder in der Kommune meines Wohnortes und lasse mir ggf. wieder eine schriftliche Ablehnung geben. Je mehr Absagen ich »gesammelt« habe, desto eher kann das eigene Bemühen nachgewiesen werden. Wenn ich bis spätestens sechs Monate vor dem voraussichtlichen Betreuungsbeginn keinen Platz gefunden habe, sollte ich mich beim zuständigen Jugendamt melden. Das Jugendamt ist dann verpflichtet, mir einen geeigneten und zumutbaren Betreuungsplatz zuzuweisen.

Familie oder Freunden helfen: Kann das Schwarzarbeit sein?

Worum geht es?

Wenn ein Familienmitglied ein Haus baut, dann helfen oft Angehörige und Freunde mit. Wenn es viele Handwerker in der Familie gibt, könne Häuser nahezu in Eigenleistung gebaut oder umgebaut werden. Nicht immer erfolgt dabei die Hilfe auch völlig unentgeltlich. Manchmal wird doch ein (überschaubares) Entgelt bezahlt. Wenn also häufig und über einen längeren Zeitraum Leistungen gegen ein gewisses Entgelt erbracht werden, ist es dann nicht vielleicht doch Schwarzarbeit, wenn das Einkommen weder versteuert wird noch Sozialversicherungsbeiträge davon abgeführt werden?

Wie sieht es rechtlich aus?

Entscheidend für die Frage, ob Schwarzarbeit vorliegt, ist letztlich, ob eine nachhaltige Gewinnerzielungsabsicht vorliegt. Als »nicht nachhaltig auf Gewinn ausgerichtet« gilt nach dem Gesetz insbesondere eine Tätigkeit, die gegen geringes Entgelt erbracht wird. Wenn ich also regelmäßig für (entfernte) Familienangehörige gegen Geld arbeite, kann durchaus irgendwann eine Gewinnerzielungsabsicht angenommen werden. Hier wird es natürlich immer noch auf die konkreten Umstände, die Anzahl der Stunden und auch auf das Entgelt ankommen. Wie wichtig die Umstände des Einzelfalls sind, zeigt eine Entscheidung des Sozialgerichtes Heilbronn. Geklagt hatte hier eine Berufsgenossenschaft, die Beiträge zur Unfallversicherung forderte. Das Gericht entschied aber, dass auch über 500 Stunden Hilfe durch Verwandte bei einem Hausbau noch immer Gefälligkeitsleistungen seien. Das Gericht führte aus, es gebe keine starre Stundengrenze. Jeder Helfer hätte wöchentlich 3,5 Stunden gearbeitet, was auch der engen familiären Bindung im konkreten Fall entsprechen würde. Handelt es sich doch um Schwarzarbeit, dann können die Konsequenzen äußerst unangenehm sein. Grundsätzlich drohen im Zusammenhang mit Schwarzarbeit Bußgelder von bis zu 500.000 Euro sowie natürlich die Nachforderung von Sozialversicherungsbeiträgen und Steuern.

Mein Tipp!

Bekanntlich versteht der Staat im Bereich von Steuern keinen Spaß. Hier sollte ich mich daher immer sehr genau zu meiner konkreten Fallkonstellation informieren. Eine gute Quelle für Informationen zu den verschiedensten Fragestellungen rund um Beschäftigungen, gerade auch im privaten Bereich, ist die Minijob-Zentrale. Diese stellt auf ihrer Internetseite viele Informationen zur Verfügung, auf die man sich auch verlassen kann. Dies ist leider bei rechtlichen Informationen im Netz nicht immer der Fall. Wichtig ist also gerade bei Informationen zu Rechtsfragen, genau auf die Quelle zu achten.

Eltern haften für ihre Kinder, oder?

Worum geht es?

Wenn Kinder spielen, dann geht schon einmal etwas zu Bruch. Wer selbst Kinder hat, der weiß das. Natürlich passen Eltern auf, was ihr Nachwuchs so treibt, aber man kann seine Augen kaum überall haben. Müssen daher Eltern tatsächlich immer für ihre Kinder aufkommen, egal, ob die Scheibe von Nachbars Gartenhaus kaputt geht, die Ming-Vase im Museum runterfällt oder das Kind ein Abo im Internet abgeschlossen hat? Ist es auch möglich, dass das Kind selbst haftet oder, vielleicht, dass der Geschädigte auf seinem Schaden sitzen bleibt, weil weder die Eltern noch das Kind für den Schaden aufkommen müssen?

Wie sieht es rechtlich aus?

Rechtlich differenziert man hier zwischen der Haftung für Schäden, die beispielsweise beim Spielen verursacht wurden, und Verpflichtungen, die das Kind möglicherweise trifft, weil es wirksam einen Vertrag abgeschlossen hat. Für kleine Kinder ist die Lage in Bezug auf den Abschluss von Verträgen eindeutig. Kinder unter sieben Jahren sind geschäftsunfähig. In diesem Alter können sie also gar keine Verträge wirksam abschließen. Zwischen sieben Jahren und siebzehn Jahren sind Minderjährige beschränkt geschäftsfähig. Verträge, die nicht nur Vorteile mit sich bringen, können Minderjährige ab sieben Jahren dann ohne Zustimmung der Eltern schließen, wenn sie die Verpflichtung gewissermaßen mit dem Taschengeld komplett bezahlen können. Verträge, bei denen ich eine Gegenleistung erbringen muss, also etwas bezahlen muss, bringen nicht nur Vorteile. Sie können also nur wirksam sein, wenn das Kind den Vertrag mit seinem Taschengeld komplett bezahlt hat. Nicht wirksam sind also Verträge, die eine Ratenzahlung oder wiederkehrende Zahlungen vorsehen. Konnte das Kind den Vertrag folglich gar nicht wirksam abschließen, dann müssen weder Eltern noch Kind den Vertrag erfüllen. Auch wenn das Kind etwas kaputt gemacht hat, ist eine Haftung von Kindern unter sieben Jahren ausgeschlossen. Hier fehlt es schon an der sogenannten Deliktsfähigkeit. Bei Unfällen im Straßenverkehr zieht das Gesetz diese Grenze sogar erst bei zehn Jahren, außer das Kind handelt – was allerdings wohl selten der Fall sein wird – vorsätzlich, also mit dem Willen, einen Schaden zu verursachen. Das klingt beruhigend, aber im Umkehrschluss bedeutet dies, dass Kinder, die älter als sieben Jahre sind, unter Umständen für von ihnen verursachte Schäden aufkommen müssen. Dies setzt allerdings die sogenannte Einsichtsfähigkeit des Kindes voraus. Das Kind muss dafür in der Lage sein, die Situation und die Gefahren selbst richtig einzuschätzen. Je älter und reifer das Kind ist, desto eher kommt also eine eigene Haftung in Betracht. Das erscheint erst einmal unsinnig, da Kinder natürlich in aller Regel kein Geld haben, um den Schaden zu bezahlen. Praktisch kommen dann letztlich oft doch die Eltern auf, um die Haftung des Kindes zu begleichen. Ansonsten würde tatsächlich eine Klage gegen das Kind drohen und ein Urteil könnte noch 30 Jahre lang vollstreckt werden, also bis zu einem Zeitpunkt, an dem das Kind längst erwachsen ist. Schließlich besteht aber eben auch die Möglichkeit, dass wirklich die Eltern für von ihren Kindern angerichtete Schäden haften. Dieser Fall greift dann, wenn Eltern ihre elterliche Aufsichtspflicht verletzt haben. Wann dies der Fall ist hängt – wieder – von den konkreten Umständen des Einzelfalls, insbesondere dem Alter des Kindes und dessen Persönlichkeit ab. Mit zunehmendem Alter, Reife und Selbstständigkeit verlangt die Rechtsprechung immer weniger Aufsichtspflichten von den Eltern. Man sagt daher, dass bei Kindern im Vorschulalter von Eltern verlangt wird, etwa alle 15 bis 30 Minuten nach dem draußen spielenden Kind zu schauen, um im Ernstfall eingreifen zu können. Bei Schulkindern wird man großzügiger sein dürfen und Spielen ohne regelmäßige Aufsicht erlauben. Es sind also durchaus Konstellationen denkbar, in denen der Geschädigte auf seinem Schaden sitzen bleibt. Das ist regelmäßig der Fall, wenn Kinder das siebte Lebensjahr noch nicht vollendet haben und der Schaden entstanden ist, obwohl die Eltern ihre Aufsichtspflicht nicht verletzt haben.

Mein Tipp!

Wenn eine Rechnung kommt, sollten Eltern sich fragen, ob tatsächlich eine Verpflichtung des Kindes oder von ihnen selbst besteht, die Rechnung zu begleichen. Das ist oft gar nicht der Fall und darauf spekulieren manche schwarzen Schafe im Netz vielleicht auch. Gerade wenn es darum geht, ob im Internet wirksame Verträge geschlossen wurden, ist es durchaus möglich, dass überhaupt keine Verpflichtung zur Zahlung besteht. Natürlich kann ich aber immer freiwillig für meine Kinder einstehen.

Dürfen Noten vor der ganzen Klasse verkündet werden?

Worum geht es?

Schule ist eine eigene Welt, in der viel geredet wird und leider nicht immer nur Nettes. Gerade wenn die Noten nicht so gut sind, habe ich als Schüler vielleicht den Wunsch, dass zumindest nicht öffentlich über meine Leistungen gesprochen wird. Der Datenschutz und auch Persönlichkeitsrechte haben in den letzten Jahren immer mehr an Bedeutung gewonnen. Es stellt sich also die Frage, ob dies nicht auch Konsequenzen für den Schulalltag mit sich bringt. Darf der Lehrer also überhaupt Aussagen über Noten oder auch sonstige Einschätzungen und Bewertungen eines Schülers vor der ganzen Klasse machen, wenn der Schüler dies gar nicht möchte?

Wie sieht es rechtlich aus?

Vermutlich wird es nicht sehr überraschend sein, dass der Datenschutz nicht nur im alltäglichen Leben, sondern auch in der Schule dazu führt, dass Noten nicht »einfach so« öffentlich vorgetragen werden dürfen. Hier ist das Persönlichkeitsrecht der Schüler betroffen, das auch regelt, dass ich natürlich selbst meinen Mitschülern die eigenen Noten sagen darf, aber der Lehrer gut beraten ist, dies eben gerade nicht zu tun. Wie so oft im Datenschutz ist aber die Beurteilung der Situation nicht ganz unumstritten. Dass die Noten aus pädagogischen Gründen unter Umständen vielleicht doch in der Klasse verkündet werden dürfen, wird durchaus vertreten. Argumentativ dürfte diese Linie aber nicht ganz leicht für den Lehrer werden. Die zwangsweise Kundgabe der Noten durch den Lehrer ist nämlich nicht vergleichbar damit, dass ich selbst anderen von meinen Noten erzähle.

Mein Tipp!

Natürlich kann der Lehrer immer fragen, ob es in Ordnung ist, wenn er »öffentlich«, also in der Klasse, die Noten vorliest. Ohne ein entsprechendes Einverständnis sollten Lehrer aber die Noten in einem Einzelgespräch mit dem Schüler erörtern und nicht vor der ganzen Klasse. Wer als Schüler oder auch als Eltern hier Sorge hat, dass dies nicht so gehandhabt wird, sollte rechtzeitig das Gespräch mit dem Lehrer suchen, um auch diesbezüglich die Diskussion vor der Klasse zu vermeiden.

Darf die Schultasche durchsucht werden?

Worum geht es?

Während uns in den allermeisten Situationen ziemlich klar ist, dass kaum jemand das Recht hat, unsere Sachen zu durchsuchen, scheint diese Frage im Bereich der Schule weniger eindeutig zu sein. Es heißt ja immer wieder, dass in der Schule ganz eigene Regeln geltend. Aber stimmt das eigentlich? Darf der Lehrer also den Schüler bzw. seine Sachen einfach so durchsuchen? Ist vielleicht eine Durchsuchung jedenfalls dann zulässig, wenn der Lehrer zum Beispiel einen Spickzettel oder ein verbotenes Handy in der Schultasche vermutet?

Wie sieht es rechtlich aus?

Hier ist die Antwort völlig eindeutig. Nein, der Lehrer darf die Tasche nicht durchsuchen. Die Persönlichkeitsrechte der Schüler gehen hier klar vor. Auch dann, wenn der Lehrer meint, einen guten Grund dafür zu haben, die Tasche des Schülers zu durchsuchen, etwa weil er dort einen Spickzettel oder gar Diebesbeute vermutet, darf er die Tasche nicht durchsuchen. Gleiches gilt natürlich auch für die Kleidung des Schülers. Sollte der Lehrer den Verdacht einer Straftat haben, so kann und muss er die Polizei rufen. Er selbst darf aber nicht zur Durchsuchung schreiten. Anders sieht es natürlich aus, wenn der Durchsuchung der Schultasche ausdrücklich zugestimmt wurde.

Mein Tipp!

Oft sind konfrontative Situationen in der Schule für alle Beteiligten eine Herausforderung. Deshalb ist es wichtig, seine Rechte zu kennen und auch zu wissen, wo die Grenzen dieser Rechte sind. Ob es immer sinnvoll ist, auf seine Rechte zu bestehen, ist eine andere Frage. Natürlich kann der Schüler die Durchsuchung seiner Sachen zurückweisen und natürlich kann der Lehrer die Polizei rufen. Vielleicht macht es aber auch Sinn, gerade in der Schule das Gespräch zu suchen. Wer als Lehrer einräumt, die Tasche nicht durchsuchen zu dürfen, und daher um Erlaubnis bittet, dem wird der Schüler die Erlaubnis vielleicht gar nicht verweigern.

Darf verboten werden, während des Unterrichts auf die Toilette zu gehen?

Worum geht es?

Wer muss, der muss! Das wissen wir alle. Ein Toilettengang ist sozusagen unumgänglich, aber muss es wirklich während des Unterrichts sein? Es ist durchaus nachvollziehbar, dass es störend sein kann, wenn reihenweise Schüler während des Unterrichts zur Toilette gehen. Auf der anderen Seite gibt es kaum ein natürlicheres Bedürfnis als den Gang zur Toilette. Darf der Lehrer dies also verbieten, um den Unterricht möglichst störungsfrei zu halten?

Wie sieht es rechtlich aus?

Auch hier ist die Antwort sehr eindeutig. Lehrer sollten sich auf keinen Fall zwischen ihre Schüler und den Toilettengang stellen. Im schlimmsten Fall wird es dazu kommen, dass ein Schüler quasi gezwungen wird, sich in die Hose zu machen. Das wäre natürlich mehr als peinlich, erniedrigend und würde die Persönlichkeitsrechte des Schülers in erheblichem Maße verletzen. Spätestens dann werden auch Eltern des Schülers und die Schulleitung das Verhalten des Lehrers nicht gutheißen. In manchen Schulen wird der Toilettengang dennoch in gewisser Weise reglementiert und vorgeschrieben, dass immer nur ein Schüler zur gleichen Zeit zur Toilette gehen darf. Erst nach der Rückkehr dieses Schülers darf dann der nächste den Weg zur Toilette antreten. Die Regelung ist nachvollziehbar, aber für Schule und Lehrer nicht ohne Risiko. Man muss schließlich bedenken, dass sogar diskutiert wird, ob nicht der Straftatbestand der Körperverletzung vorliegen könnte, wenn der Toilettengang durch den Lehrer verwehrt wird. Das Risiko für einen Lehrer, der seinen Schüler nicht zur Toilette gehen lässt, ist daher nicht gerade gering. Störungen, die durch den Toilettengang verursacht werden, sind da wohl das geringere Übel.

Mein Tipp!

Auch hier macht es sicherlich Sinn, wenn Schüler und Lehrer das Gespräch suchen. Vielleicht ist es für den Schüler möglich, abzuschätzen, ob noch ein Thema final besprochen werden kann, bevor der Gang zur Toilette nötig wird. Dann wäre der Toilettengang sicherlich völlig in Ordnung, der Unterrichtsvorgang würde nicht unterbrochen und die anderen Schüler würden nicht gestört.

Darf der Lehrer meinem Kind das Trinken im Unterricht verbieten?

Worum geht es?

Auch wenn es manche überraschen wird, ist das Thema Trinken im Unterricht eine häufige Problematik. Bekanntlich ist regelmäßiges Trinken sehr wichtig. Manche Eltern fragen daher den Lehrer sogar, ob dieser nicht an das regelmäßige Trinken im Unterricht erinnern könnte. Auf der anderen Seite steht der manchmal recht verzweifelte Lehrer. Das Trinken geht nämlich nicht immer geräuschlos von sich, sondern ist so laut, dass damit der ganze Unterricht gestört wird. Darf der Lehrer also das Trinken verbieten?

Wie sieht es rechtlich aus?

Hier könnte die Schulordnung helfen, denn dort werden die allgemeinen Verhaltensregeln für Schüler im Grundsatz aufgestellt. In den meisten Fällen ist dort geregelt, dass sich alle Schüler so verhalten sollten, dass die anderen nicht gestört werden. Trinken im Unterricht kann eben durchaus Geräusche machen und damit durchaus andere stören. Da die normale Schulstunde 45 Minuten dauert und sich dann eigentlich immer eine Pause anschließt, in der die Schüler auch etwas trinken können, wird ein Trinkverbot durch den Lehrer in den meisten Fällen in Ordnung sein. Viele Schüler und auch Eltern würden sicherlich gerne eine andere Antwort hören. Zumindest ein bisschen kann ich dieser Sicht rechtliche Unterstützung geben, denn es wird immer Ausnahmefälle geben, in denen dem Schüler das Trinken erlaubt sein muss. Geht es beispielsweise einem Schüler schlecht, weil er völlig dehydriert ist und Flüssigkeit dringend braucht, dann wird der Lehrer das Trinken natürlich nicht verbieten dürfen. Auch an heißen Tagen, an denen vielleicht sogar zuvor eine Pause ausgefallen ist, muss das Trinken erlaubt sein.

Mein Tipp!

Tatsächlich kann es ziemlich viele Ausnahmen geben, in denen der Lehrer das Trinken doch erlauben muss. Gut ist es daher, eine gemeinsame Vereinbarung zwischen Schülern und Lehrern zu finden, die auch Ausnahmesituationen berücksichtigt. Im Idealfall können dabei auch Eltern bei der Lösungsfindung eingebunden werden. Das Problem wäre zum Beispiel recht einfach gelöst, wenn sich die Schüler verpflichten, dass das Trinken im Unterricht so leise erfolgen muss, dass wirklich niemand gestört wird.

Wie lange dürfen Lehrer eingezogene Handys behalten?

Worum geht es?

Handys sind aus unserem Alltag gar nicht mehr wegzudenken. Natürlich ist dies auch bei den meisten Schülern und in der Schule nicht anders. Spätestens nach der Grundschule besitzt nahezu jeder Schüler ein Handy. Durch ein Handy kann man aber sehr schnell abgelenkt sein. Selbst wir als Erwachsene kennen das nur zu gut. Natürlich ist bei Schülern die Versuchung meistens noch größer. Entsprechend möchten auch immer mehr Schulen die Handynutzung während der Schulzeit einschränken oder ganz verbieten. Aber ist das rechtlich möglich und wie lange dürften Handys überhaupt einbehalten werden?

Wie sieht es rechtlich aus?

Hier ist die Rechtslage eindeutig: Schulen dürfen ihren Schülern im Rahmen der Schulordnung verbieten, Handys während der Schulzeit zu nutzen. Wer gegen diese Regel verstößt, muss damit rechnen, dass ihm das Handy vom Lehrer abgenommen wird. Natürlich gibt es kein Gesetz, welches eine konkrete Zeitspanne dafür regelt, wie lange das Handy einbehalten werden darf. Letztlich handelt es sich dabei um eine erzieherische Maßnahme, die natürlich verhältnismäßig sein muss. Verhältnismäßigkeit setzt voraus, dass die Maßnahme geeignet, erforderlich und angemessen ist. Geeignet ist das Wegnehmen des Handys sicherlich, um die Ablenkung durch Handys zu unterbinden. Erforderlich wird dies auch oft sein. Das Handy bis zum Ende der Schulstunde oder auch des Schultages einzubehalten, dürfte meist auch durchaus angemessen sein. Ein Berliner Gericht hatte hierzu bereits entschieden, dass auch eine »Beschlagnahme« übers Wochenende zulässig sein kann. Auf keinen Fall darf ein Lehrer das konfiszierte Handy des Schülers auf Spiele oder sonstige Aktivitäten durchsuchen. Die Privatsphäre des Schülers geht dabei eindeutig vor.

Mein Tipp!

Sinnvollerweise werden alle Fragen zur Handynutzung in der Schulordnung oder – noch besser – in einer speziellen »Handyordnung« ausführlich geregelt. Eine Handyordnung enthält dabei meist deutlich mehr Regelungen als das bloße Handy-Nutzungsverbot. Sollte es einmal zu Streitigkeiten in Bezug auf die Handynutzung geben, sollten Schüler, Eltern und Lehrer zunächst einmal einen Blick in die entsprechenden Regelungen werfen. Gerade wenn es klare Regelungen gibt, können natürlich auch viele unschöne Diskussionen verhindert werden und die meisten Fragen schnell beantwortet.

Kids im Netz: Plötzlich Abo abgeschlossen?

Worum geht es?

Plötzlich flattert eine Rechnung oder Mahnung in den Briefkasten und man weiß vielleicht erst einmal gar nicht, worum es geht. Beim näheren Lesen wird dann aber ziemlich schnell klar, dass das eigene Kind im Internet wohl ein Abo abgeschlossen hat. Was kann und sollte ich in einer solchen Situation tun? Muss ich die Rechnung wirklich begleichen?

Wie sieht es rechtlich aus?

Hier kann ich alle Eltern und auch Kinder beruhigen: In aller Regel besteht keine wirksame Zahlungsverpflichtung. Kinder, die das siebte Lebensjahr noch nicht vollendet haben, sind ohnehin geschäftsunfähig (§ 104 BGB) und können keine wirksamen Rechtsgeschäfte tätigen. Der sechsjährige Sohn kann daher keinerlei Verträge abschließen, auch nicht online und selbst mit der Zustimmung der Eltern nicht. Kinder von sieben Jahren bis siebzehn Jahren können Rechtsgeschäfte abschließen, allerdings nur mit Zustimmung ihrer Eltern bzw. des Sorgeberechtigten. Bei fehlender Zustimmung ist der Vertrag unwirksam. Bei einem Abo hilft dem Anbieter auch nicht der sogenannte Taschengeldparagraf. Der Taschengeldparagraf regelt, dass auch ein Minderjähriger wirksam Verträge abschließen kann – auch ohne Zustimmung der Eltern –, wenn der Preis in vollem Umfange mit dem Taschengeld bewirkt wurde, also komplett bezahlt wurde. Bei einem Abo ist dies aber gerade nicht der Fall, da eine regelmäßige, erneute Zahlung notwendig ist. Ein Minderjähriger kann also ohne Zustimmung der Eltern keine wirksamen Abo-Verträge im Internet abschließen. Problematisch kann es sein, wenn das Abo mit dem Handy der Eltern und unter deren Namen abgeschlossen wurde. Dann muss ich ggf. beweisen, dass nicht ich als Elternteil das Abo abgeschlossen habe, sondern mein Handy.

Mein Tipp!

Auf keinen Fall sollten Eltern in dieser Situation in Panik geraten und direkt zahlen. Dies könnte bei Kindern zwischen sieben und siebzehn Jahren sogar als nachträgliche Genehmigung des Geschäfts durch mich als Elternteil ausgelegt werden. Auch wenn die Gegenseite mit einer Verletzung der Aufsichtspflicht oder Ähnlichem argumentieren sollte, auch dann sollte ich als Elternteil grundsätzlich cool bleiben. Dieser Aspekt kann ein Problem sein, aber natürlich müssen und können Eltern gerade reifere Kinder auch nicht permanent beaufsichtigen.

Account-Sharing: Ist das zulässig?

Worum geht es?

Streamingdienste sind auch in Deutschland sehr beliebt. Kaum ein Haushalt hat kein Abo bei einem der vielen Anbieter. Viele werden sicherlich auch bei mehreren Anbietern ein Abo abgeschlossen haben. Auch wenn die Kosten für die Dienste meistens überschaubar sind, kommt am Ende häufig doch ein spürbarer Betrag zustande. Was liegt also näher, als den Account mit Freunden oder Großeltern zu teilen, oder?

Wie sieht es rechtlich aus?

Auch wenn es überraschend klingen mag: Das Teilen eines Accounts ist gesetzlich nicht verboten. Aber natürlich kann der Anbieter in den Nutzungsbedingungen Vorgaben dazu machen, welche Nutzung des Accounts im Rahmen des Vertrags zulässig ist. Viele Anbieter regeln daher auch, dass ein Account nur innerhalb eines Haushaltes geteilt werden darf. Leben Großeltern oder Freunde sodann nicht mit im eigenen Haushalt, würde ich beim Teilen des Accounts gegen die Regeln des Streaming-Anbieters verstoßen. Wer gegen vertragliche Vorgaben verstößt, dem droht immer die Kündigung des Vertrages und die Sperrung des Accounts. Dem Streamingdienst entsteht dadurch, dass ich sozusagen einen Account gespart habe, aber trotzdem den Dienst in Anspruch genommen hat, auch ein wirtschaftlicher Schaden, sodass grundsätzlich sogar Schadensersatzansprüche des Anbieters möglich sein könnten. Tatsächlich waren Anbieter bisher aber wirklich sehr kulant und sind Verstößen wohl kaum nachgegangen oder haben diese geahndet, obwohl rechtliche Konsequenzen eben durchaus möglich gewesen wären.

Mein Tipp!

Auch wenn Anbieter bisher offensichtlich ein Account-Sharing weitgehend dulden, sollte ich mich nicht darauf verlassen, dass dies weiterhin so bleibt. Nur weil Anbieter in der Vergangenheit kulant waren, ergibt sich daraus kein Anspruch, dass das weiterhin der Fall ist. Es ist also durchaus möglich, dass plötzlich unangenehme Post ins Haus flattert. Es ist daher absolut sinnvoll, ins Kleingedruckte zu sehen und zu kontrollieren, ob bzw. in welcher Form der Anbieter ein Account-Sharing zulässt, und sich auch an diese Vorgaben zu halten.

4. Kapitel:

Unterwegs im Internet

Typische Fallstricke
online sicher umschiffen

Schlechte Internetverbindung: Welche Rechte habe ich?

Worum geht es?

Ich liebe es, dass alles digitaler wird. Allerdings ist bei der Digitalisierung auf jeden Fall noch Luft nach oben. Ich ärgere mich oft darüber, dass meine Internetverbindung entweder gar nicht oder nur eingeschränkt funktioniert. Doch welche Ansprüche habe ich in einer solchen Situation eigentlich? Kann ich verlangen, dass ich komplett digital arbeiten kann? Und bekomme ich Geld zurück, wenn das Internet mal wieder zu langsam ist?

Wie sieht es rechtlich aus?

Tatsächlich gibt es in Deutschland einen gesetzlichen Anspruch auf Versorgung mit einem Mindestangebot an Telekommunikationsdiensten, also Telefon und Internet. Grundsätzlich muss ich also die Möglichkeit haben, digitale Angebote, insbesondere E-Mail, Suchmaschinen, Onlinebanking, Online-Inhaltedienste (Streaming) nutzen zu können. Allerdings klingt dies in der Theorie besser, als es praktisch ist. Die Download-Geschwindigkeit muss nämlich nur mindestens 10 Megabit pro Sekunde betragen und die Upload-Rate bei mindestens 1,7 Megabit pro Sekunde. Wer sich mit der Materie etwas auskennt, der weiß, dass dies wirklich niedrige Werte sind. Ein Anspruch auf einen leitungsgebundenen Anschluss besteht gar nicht. Allerdings gibt es natürlich Gebiete, die durchaus über bessere Up- und Download-Geschwindigkeiten verfügen. Dies ist dann auch in dem Vertrag mit dem jeweiligen Anbieter so vereinbart. Dann muss natürlich auch die vereinbarte Leistung erbracht werden, sonst kommt eine Minderung oder sogar Kündigung in Betracht. Wie viel ich mindern darf, hängt davon ab, wie groß die Abweichung vom Vertrag ist. Wer nur die halbe Leistung kommt, muss auch nur den halben Preis zahlen. Wenn die Leistung komplett ausfällt, entfällt das Entgelt. Für den dritten und vierten Tag ab der Störungsmeldung komme ich zudem noch eine Entschädigung. Die Höhe der Entscheidung ist nicht gerade üppig. Fünf Euro oder 10 Prozent des vertraglich vereinbarten Monatsentgelts – je nachdem, was höher ist – sieht das Gesetz vor. Ab dem fünften Tag ist es dann schon eine Entschädigung von zehn Euro oder 20 Prozent des vertraglich vereinbarten Monatsentgelts. Auch hier gilt wieder der jeweils höhere Wert. Wäre also 20 Prozent meines vertraglich vereinbarten Monatsentgelts unter zehn Euro, dann würde ich also zehn Euro bekommen. Sind 20 Prozent des Monatsentgelts mehr als zehn Euro, dann kann ich diesen Betrag fordern.

Mein Tipp!

Wenn ich den Eindruck habe, dass mein Internet viel langsamer ist als versprochen, sollte ich direkt in meinen Vertrag sehen und prüfen, was der Anbieter mir an Leistungen zugesagt hatte. Im nächsten Schritt sollte ich checken, ob mein Gefühl in Bezug auf die Leistung des Internetzugangs nicht täuscht. Das geht ganz einfach per App mit dem sogenanntem Speed-Test der Bundesnetzagentur. So bin ich optimal vorbereitet, um mich an meinen Anbieter zu wenden und meine (Entschädigungs-)Rechte durchsetzen.

Onlineshopping mit böser Überraschung: Ist das möglich?

Worum geht es?

Shoppen im Netz ist superbeliebt. Natürlich gibt es beim Onlineshopping auch viele Vorteile. Es gibt eine riesige Auswahl und oft niedrige Preise. Aber gibt es vielleicht auch negative Aspekte? In puncto Nachhaltigkeit sieht es beim Onlineshoppen ja beispielsweise eher schlecht aus. Zudem muss man einräumen, dass viele stationäre Geschäfte mit dem reinen Onlinehandel nicht mithalten können und daher leider schließen müssen. Aber wie sieht das Ganze für mich als Verbraucher aus? Welche Vor- und Nachteile sollte ich berücksichtigen? Drohen mir vielleicht sogar böse Überraschungen?

Wie sieht es rechtlich aus?

Während ich bei einem Kauf in einem Geschäft in aller Regel sehr genau weiß, was ich zu welchem Preis bekomme, ist dies beim Onlineshopping nicht immer so leicht zu sehen. Grundsätzlich sollte ich beim Onlineshopping genau im Auge behalten, ob nicht möglicherweise neben dem reinen Kaufpreis auch noch weitere Kosten auf mich zukommen. So ist es rechtlich zulässig, dass die Versandkosten auf den Käufer abgewälzt werden. Bei vielen Waren habe ich im Onlinebereich natürlich ein Widerrufsrecht. Allerdings können mir als Verbraucher auch die Kosten für den Rückversand nach einem Widerruf auferlegt werden, wenn der Verkäufer rechtzeitig darauf hinweist. Muss ich also Versand- und auch Rückversandkosten tragen, kann das durchaus teuer sein. Auch auf Lieferzeiten sollte ich immer achten. Natürlich muss ich auf die Lieferzeiten hingewiesen werden. Aber auch ich muss zugeben, dass ich solche Informationen schon überlesen habe und nach dem Kauf feststellen musste, dass ich wohl länger auf mein Lieblingsteil warten muss als gedacht. Sitzt der Shop im Ausland, kann es schwierig werden, überhaupt irgendwelche Rechte durchzusetzen. Auch mögliche Zollgebühren und Einfuhrbeschränkungen sollte ich bei Auslandskäufen im Blick haben. Gerade in der jüngsten Vergangenheit scheinen auch vermehrt Fake Shops aktiv zu sein. Oft sind diese so gut gemacht, dass man wirklich schnell darauf hereingefallen ist. In vielen Konstellationen kann ich dann zwar noch Strafanzeige erstatten, aber mein Geld ist weg.

Mein Tipp!

Beim Onlineshoppen sollte ich immer etwas genauer hinsehen, als ich es vielleicht in einem Geschäft vor Ort tun muss. Online ist in vielerlei Hinsicht nicht ganz so leicht zu erkennen, was ich bekomme. Ich kann beispielsweise nicht fühlen, wie Stoffe beschaffen sind, und muss daher die Artikelbeschreibung genau lesen, um mir böse Überraschungen zu ersparen. Ich sollte auf versteckte Kosten achten und skeptisch sein, wenn das Angebot zu gut ist, um wahr zu sein. Dies ist oft ein erstes Indiz für einen Fake Shop.

Das Beste beim Shoppen rausholen dank des Widerrufsrechts!

Worum geht es?

Wer online shoppt, der hat sicherlich schon vom Widerrufsrecht gehört. Händler werden es sicherlich nicht gerne hören, aber für mich ist das Widerrufsrecht DER Vorteil für Verbraucher, wenn es ums Onlineshoppen geht. Aber was ist eigentlich so toll an diesem Recht und wie weit kann ich es überhaupt für mich nutzen?

Wie sieht es rechtlich aus?

Auch wenn sich das Gerücht hartnäckig hält, muss man sagen: Es gibt nach dem Gesetz kein Umtauschrecht – weder beim Kauf vor Ort noch bei Käufen im Internet. Aber bei Verträgen, die im sogenannten Fernabsatz geschlossen werden, also auch online, habe ich grundsätzlich die Möglichkeit, den Vertrag zu widerrufen. Es ist also völlig egal, ob die Ware einen Mangel hat, mir einfach nicht gefällt, ich plötzlich doch lieber Geld sparen möchte oder das Teil bei einem anderen Händler billiger oder besser gesehen habe. Da ich den Vertrag »grundlos« widerrufen kann, besteht bei Onlinekäufen in den meisten Fällen die Möglichkeit, sich vom Vertrag zu lösen und so die Ware quasi doch »umtauschen« zu können. Als Verbraucher bekomme ich so bei Onlineverträgen gewissermaßen ein »Super-Recht«. Beachten muss ich allerdings, dass es Ausnahmen gibt, in denen es kein Widerrufsrecht gibt, etwa bei schnell verderblichen Waren oder bei individuell angefertigten Dingen. Gerade auf bestimmten Plattformen wie

Etsy bieten Verkäufer oft individualisierte Produkte an. So schön dies ist, bedeutet dies eben auch, dass man sich nicht so einfach wieder vom Kaufvertrag lösen kann. In Ausnahmefällen kann es auch möglich sein, den Widerruf abzulehnen bzw. auszuschließen, wenn es sich um aus hygienischen Gründen versiegelte Ware handelte und die Versiegelung entfernt wurde. Ansonsten kann ich aber das gekaufte Produkt wirklich 14 Tage lang auf Herz und Nieren testen und danach ggf. den Widerruf erklären, egal ob Matratze oder Mixer! Geht meine Nutzung über eine Beschaffenheitsprüfung der Ware hinaus, so muss ich unter Umständen Wertersatz leisten. Auf mein Widerrufsrecht hat dies aber keine Auswirkungen. Das Widerrufsrecht beträgt 14 Tage und beginnt auch wirklich erst mit dem tatsächlichen Erhalt der Ware. Damit meinem Widerrufsrecht als Verbraucher nun wirklich gar nichts im Wege steht, hat der Verkäufer sogar ein Muster-Widerrufsformular zur Verfügung zu stellen. Beachten sollte ich allerdings, dass das Widerrufsrecht nur bei gewerblichen Verkäufern gegeben ist. Bei einem Kauf von privaten Verkäufer, zum Beispiel auf Online-Verkaufsplattformen wie eBay, gibt es kein Widerrufsrecht.

Mein Tipp!

Mit dem Widerrufsrecht wurde Verbrauchern ein sehr weitreichendes Recht im Onlinegeschäft zur Seite gestellt. Während ich mich im Geschäft in aller Regel in kurzer Zeit für oder gegen den Kauf entscheiden muss und danach an den Kauf gebunden bin, kann ich mir beim Onlineshoppen in aller Regel 14 Tage Zeit zum Testen lassen. Das Widerrufsrecht einzuschränken, ist schwierig und wirklich nur in Ausnahmefällen möglich, sodass ich als Käufer die 14 Tage im Blick haben sollte und ggf. meinen Widerrufsjoker ziehen kann!

Was kann schiefgehen, wenn ich von privaten Verkäufern kaufe?

Worum geht es?

Oft achten wir gar nicht so sehr darauf, aber auf bestimmten Onlineplattformen wie eBay habe ich es nicht unbedingt mit gewerblichen Händlern zu tun, sondern mit Privatverkäufern. Natürlich kann ich manche Unikate und alte Schätzchen vielleicht auch eher von Privatpersonen kaufen als bei gewerblichen Händlern. In vielen Fällen lässt sich so ein Schnäppchen machen und das Verhandeln ist oft leichter. Klingt eigentlich alles bestens. Was also kann schiefgehen, wenn ich etwas von privaten Verkäufern erwerbe?

Wie sieht es rechtlich aus?

Im ersten Moment ist es sicherlich für viele überraschend, dass ich als Kunde tatsächlich deutlich schlechter stehe, wenn ich etwas bei einem Privatverkäufer kaufe. Wer also als privater Verkäufer unterwegs ist, darf sich freuen. Als privater Verkäufer ist es zum Beispiel möglich, Gewährleistungsrechte für Mängel an der Ware komplett auszuschließen. Auch das Versandrisiko träge ich als Käufer bei einem Kauf von privat selbst. Geht also die Ware auf dem Transportweg verloren, habe ich bei einem Privatverkauf keinerlei Ansprüche gegenüber dem Verkäufer. Würde ein gewerblicher Händler auf der anderen Seite stehen, sähe dies ganz anders aus. Hier nämlich trägt der Händler das Versandrisiko. Kommt die Ware also in einem solchen Fall nicht an, dann muss der Händler entweder nochmals liefern oder mir das Geld erstatten. Auch das sonst übliche gesetzliche 14-tägige Widerrufsrecht bei Onlinekäufen gibt es bei Privatpersonen nicht. Gekauft ist hier also wirklich gekauft. Eine Frist zu überlegen, gibt es nicht. Hintergrund bei all diesen Regelungen ist, dass der private Verkäufer in der Regel genauso wenig geschäftserfahren ist wie der Käufer und daher letztlich auch genauso rechtlich schutzwürdig wie der Käufer. Aus diesem Grund gelten viele ansonsten sehr verbraucherfreundliche Kaufvorschriften zu Gunsten des Käufers eben nicht.

Mein Tipp!

Beim Shoppen sollte ich durchaus darauf achten, ob ich es mit einem privaten Verkäufer zu tun habe, und die Konsequenzen dann auch für mich durchdenken. Gerade bei hochpreisigen Käufen sollten sich die Risiken vielleicht auch beim Kaufpreis widerspiegeln. Wer aber um die Besonderheiten bei einem Kauf von Privatpersonen weiß, dem drohen jedenfalls keine bösen Überraschungen.

Etwas bei eBay verkauft, plötzlich Steuerstrafverfahren: Ist das möglich?

Worum geht es?

Nachhaltigkeit ist ein wichtiges Thema. An vielen Stellen wird Nachhaltigkeit auch gefördert. Dinge nicht sofort wegzuwerfen, sondern diesen quasi ein zweites Leben zu verschaffen und sie zu verkaufen, statt einfach wegzuwerfen, ist sicherlich auch nachhaltig. Neben vielen Flohmärkten bieten auch Onlineplattformen hierfür eine gute Möglichkeit. Aber muss ich die Verkaufserlöse eigentlich dem Finanzamt melden oder gar Steuern hierfür zahlen? Droht mir ansonsten vielleicht sogar ein Steuerstrafverfahren?

Wie sieht es rechtlich aus?

Nicht nur Nachhaltigkeit ist für den Staat ein wichtiges Thema, sondern auch Steuern. Schon immer hatte der Staat daher auch Erlöse von Onlineplattformen im Blick, die möglicherweise am Fiskus vorbeiliefen. Um dies nun zu verhindern, trat zum 01.01.2023 das sogenannte Plattformen-Steuertransparenzgesetz in Kraft. Onlineplattformen wie eBay, Vinted oder Etsy müssen nun dem Bundeszentralamt für Steuern Meldung machen, sobald jemand innerhalb eines Jahres mehr als 30 Dinge im Kalenderjahr verkauft oder mehr als 2.000 Euro eingenommen hat. Darüber, ob ich danach wirklich Post vom Finanzamt bekomme, sagen diese Werte erst einmal noch nichts aus. Aber sind diese Werte erreicht oder überschritten, erfahren die Finanzbehörden davon und werden sich die Sache möglicherweise genauer ansehen. Bei reinen Privatverkäufen sollten auch weiterhin keine Steuern anfallen. Die Frage ist aber auch, wann etwas vielleicht nicht mehr als Privatverkauf angesehen wird. Wer viel verkauft und damit auch viel Geld einnimmt, wird unter Umständen nicht mehr als Privatverkäufer, sondern als gewerblicher Händler eingestuft. Leider gibt es rechtlich keine klare Grenze, ab wann ich fürchten muss, als Händler eingestuft zu werden. Als Faustregel kann man sich aber merken: Je mehr ich verkaufe und vor allem je mehr Neuware dabei ist, desto eher werde ich als gewerblicher Verkäufer gelten. Ist dies der Fall, so müssen ggf. Steuern nachgezahlt werden und es drohen auch Strafen wegen Steuerhinterziehung. Zudem hätten auch meine Kunden plötzlich deutlich mehr Rechte, wenn ich nicht mehr als Privatverkäufer eingeordnet werden würde, sondern als gewerblicher Händler. Ein Gewährleistungsausschluss wäre dann gar nicht mehr möglich und meine Kunden hätten auch das übliche gesetzliche Widerrufsrecht, sodass sie die Ware innerhalb 14 Tage nach Erhalt zurückgeben könnten. Auch das Versandrisiko müsste ich – im Gegensatz zum Privatverkauf – als Händler immer tragen.

Mein Tipp!

Plattformen mussten erstmals zum 31.03.2024 die entsprechenden Angaben für das Jahr 2023 an die Finanzbehörden weiterleiten. Wie genau die Finanzbehörden das neue Gesetz umsetzen werden, wird sich also bald zeigen. Wer aber häufig etwas online verkauft, der sollte sich unbedingt näher mit dem Thema beschäftigen und sich kritisch hinterfragen, inwieweit tatsächlich eine Einordnung als gewerblicher Händler möglich sein könnte.

Wardrobing: Kavaliersdelikt oder Straftat?

Worum geht es?

Als Wardrobing bezeichnet man das Bestellen von Kleidung, oft auch von teuren Markenherstellern, im Internet, ohne überhaupt je die Absicht gehabt zu haben, das bestellte Kleidungsstück zu kaufen. Es geht vielmehr darum, das Kleidungsstück einmal, meistens zu einem besonderen Anlass, zu tragen und innerhalb der gesetzlichen, 14-tägigen Widerrufsfrist zurückzuschicken. So soll der Kaufpreis bzw. die Leihgebühr für Kleidung gespart werden. Moralisch sicherlich nicht in Ordnung, aber vielleicht sogar auch strafbar?

Wie sieht es rechtlich aus?

Unter Juristen ist tatsächlich umstritten, ob es sich beim Wardrobing um eine Straftat handelt. Es sprechen gute Gründe dafür, dass es sich bei diesem Vorgehen um Betrug handelt. Es würden daher bis zu fünf Jahre Freiheitsstrafe oder mit Geldstrafe drohen. In den meisten Fällen ist es aber für Händler schwierig, das entsprechende (geplante) Vorgehen zu beweisen. Eng wird es für den Besteller allerdings dann, wenn der Nachweis erbracht werden kann, dass der Kauf wirklich nie beabsichtigt war oder vielleicht auch gar nicht die finanziellen Mittel für einen Kauf vorhanden waren. Natürlich weiß der Händler dies aber meist nicht. Viele Fälle landen daher gar nicht erst bei Polizei, Staatsanwaltschaft oder vor Gericht. Händler gehen inzwischen eher dazu über, Sicherheitsetiketten an sehr auffälligen Stellen der Kleidung mit dem Hinweis anzubringen, dass die Entfernung zum Kauf verpflichtet. Das Vorgehen der Händler ist natürlich verständlich, würde allerdings faktisch das Widerrufsrecht – auch für ehrliche Kunden – einschränken, was grundsätzlich auch nicht zulässig sein wird.

Mein Tipp!

Hier ist mein Tipp tatsächlich ganz einfach: Wenn ich einen Kauf gar nicht in Betracht ziehe, dann sollte ich auch nichts bestellen. Wer sich den Kauf nicht leisten kann, geht immer ein Risiko ein. Wird die Kleidung mit Flecken beschmutzt, wird das geplante Vorgehen ohnehin so einfach auch nicht mehr funktionieren und Ärger ist vorprogrammiert.

Achtung, Fake Shops: So kann ich mein Geld retten!

Worum geht es?

Ich muss zugeben, dass ich auch sehr gerne online shoppe. Manchmal scheint es ansonsten auch unmöglich, das Objekt der Begierde überhaupt zu bekommen. Doch gerade in solchen Situationen ist vorsichtig geboten. Wenn beispielsweise ein Produkt überall ausverkauft ist und nur ein einziger Onlineshop dies dennoch weiter anbietet und dies vielleicht sogar noch zu einem sehr günstigen Preis, sollte ich hellhörig werden. Oft erkenne ich Fake Shops heute (fast) nur noch daran, dass das Angebot zu gut ist, um wahr zu sein. Wenn ich also unsicher bin, ob es sich um einen Fake Shop handelt, der Versuchung aber nicht widerstehen kann: Wie kann ich sicherstellen, dass ich nicht mein Geld verliere?

Wie sieht es rechtlich aus?

Natürlich ist es der Idealfall, wenn ich rechtzeitig merke, dass es sich um einen Fake Shop handelt. Inzwischen ist dies aber wesentlicher schwieriger festzustellen als noch vor ein paar Jahren. Oft gibt es – anders als früher – auch bei Fake Shops ein Impressum, auch mit einer deutschen Adresse. Natürlich kann es sich dennoch um einen Fake Shop handeln, denn auch diese Angaben können selbstverständlich gefälscht oder von einem »richtigen« Onlineshop kopiert worden sein. Ist das Angebot »zu gut, um wahr zu sein«, deutet dies aber tatsächlich auf einen Fake Shop hin. Auch die Zahlungsarten, die angeboten werden, lassen auf die Seriosität schließen. Zahlungsarten mit Käuferschutz wie Kreditkarten oder PayPal sprechen für den Shop. Wirklich sicher zu sein, ist äußerst schwierig. Wer daher finanzielle Verluste vermeiden möchte, sollte eine sichere Zahlungsmethode wie eben Kreditkarten oder PayPal wählen. Bekomme ich dann keine Ware, habe ich hier einen seriösen Ansprechpartner. Natürlich muss ich auch hier die jeweiligen Bedingungen der Kreditkarte oder von Paypal im Blick haben, aber grundsätzlich habe ich gute Chancen, mein Geld zu retten. Wurde das Geld überwiesen, dann kann ich leider häufig kaum noch etwas tun und das Geld ist weg. Natürlich kann ich eine Strafanzeige erstatten und so vielleicht dafür sorgen, dass der Fake Shop vom Netz geht. Leider geht der Erfolg der Polizei aber selten so weit, dass ich auch mein Geld zurückerhalte.

Mein Tipp!

Kreditkartenzahlungen und Paypal sind wirklich empfehlenswert. Viele Verbraucher scheuen sich, mit der Kreditkarte zu bezahlen, aber dies ist tatsächlich eine gute Absicherung. Sollte es sich wirklich um einen Fake Shop gehandelt haben und ich erhalte trotz Zahlung keine Ware, ist es grundsätzlich möglich, sich das Geld über das sogenannte Chargeback-Verfahren wiederzuholen. Ähnlich sieht es in der Regel bei PayPal-Zahlungen aus.

Vorsicht beim nachhaltigen Secondhandshopping im Netz!

Worum geht es?

Secondhandshopping ist gerade total angesagt. Oft ist die Kleidung, die ich erwerben kann, wirklich wie neu und die Umwelt freut sich, wenn nicht noch mehr Neuware auf den Markt kommt. Aber muss ich außer dem ökologischen Gewissen hier vielleicht noch etwas anderes beachten? Gelten beim Kauf von Secondhandwaren vielleicht andere Regelungen als bei Neuware?

Wie sieht es rechtlich aus?

Tatsächlich gibt es ein paar Tücken beim Kauf von gebrauchter Kleidung, die ich beachten sollte. Gerade wenn ich auf Plattformen wie eBay unterwegs bin, kaufe ich gebrauchte Kleidung oft bei Privatpersonen. Hier gibt es ein paar Besonderheiten. So gibt es bei Käufen von Privatpersonen grundsätzlich kein 14-tägiges Widerrufsrecht. Wenn mir die Ware also nicht gefällt, kann ich sie nicht einfach zurückgeben. Auch das Versandrisiko träge ich als Käufer bei einem Kauf von einer Privatperson selbst. Wenn die Ware also auf dem Postweg verschwindet oder beschädigt wird, ist dies mein Problem als Käufer. Immerhin hätte ich als Käufer auch bei dem Kauf von Secondhandware grundsätzlich die üblichen Gewährleistungsrechte. Wenn die Ware daher als einwandfrei beschrieben wurde, muss sie dies auch sein. Dies gilt selbst dann, wenn man bei gebrauchter Ware natürlich eigentlich Gebrauchsspuren erwarten würde. Wenn ein Mangel allerdings vor Kauf eindeutig beschrieben sind, kann ich die Ware aufgrund dieser genannten Mängel nicht mehr reklamieren, das heißt die Gewährleistung entfällt. Generell muss ich aber beim gewerblichen und privaten Secondhandkauf beachten, dass die Gewährleistung bei Mängeln, die normalerweise (wie auch beim Neuwarenkauf) für zwei Jahre gilt, explizit vom Verkäufer auf ein Jahr heruntergesetzt werden kann. Ein privater Verkäufer kann das Gewährleistungsrecht sogar ganz ausschließen.

Mein Tipp!

Nicht nur die Umwelt freut sich, wenn keine Neuware gekauft wird, auch der Geldbeutel kann wirklich geschont werden. Damit der Kauf von Secondhandware aber nicht zur Enttäuschung wird, sollte ich hier sehr genau darauf achten, welche Mängel an der Ware vielleicht schon genannt werden, und mir darüber im Klaren sein, dass ich beim Kauf gewisse Risiken eingehe. Wenn ich dies vielleicht auch noch beim Kaufpreis berücksichtige, steht dem nachhaltigen Schnäppchen nichts im Wege.

Fake-Ware online im Ausland gekauft: Droht nun Ärger?

Worum geht es?

Wer Fake-Ware von teuren Designermarken kaufen möchte, hat dazu online alle Möglichkeiten. Egal ob Kleidung, Taschen oder Schuhe. Gerade im Ausland bekomme ich nahezu alles angeboten. Zu günstigen Preisen finde ich dort fast jeden Designer als Billig-Fake. Aber droht mir als Verbraucher eigentlich Ärger, wenn ich diese Fake-Ware kaufe und mir nach Deutschland schicken lasse?

Wie sieht es rechtlich aus?

Fangen wir mit der wichtigsten Nachricht an: Wer als Privatperson im Internet gefälschte Produkte kauft, der macht sich nicht strafbar. Allerdings ist es möglich, dass die gekaufte Ware direkt bei der Einfuhr nach Deutschland beschlagnahmt und auch vernichtet wird. Dann bleibe ich natürlich auf Kosten sitzen und das begehrte, aber gefälschte Designerteil erhalte ich eben gerade nicht. Ansonsten muss ich mir als Privatperson wenig Sorgen machen, wenn ich gefälschte Produkte kaufe. Anders sieht es aus, wenn der Verdacht besteht, dass ich möglicherweise ein Geschäft daraus mache, die Ware im Ausland zu erwerben und dann im Inland weiterzuverkaufen. Wer also mehrere gefälschte Taschen kauft, bei dem könnte geprüft werden, ob hier nicht möglicherweise in der Absicht die Ware gekauft wurde, die Taschen in Deutschland teuer weiterzuverkaufen. Wenn ich als Händler gefälschte Markenware anbiete, dann drohen mir strafrechtliche Konsequenzen und auch Abmahnungen der Markeninhaber mit oft hohen finanziellen Forderungen. Eine Freiheitsstrafe von bis zu drei Jahren oder Geldstrafe ist möglich. Bei gewerbsmäßigem Handeln droht sogar Gefängnis bis zu fünf Jahren. Wie hoch die Forderungen der Markeninhaber sein werden, kann man nicht pauschal vorhersagen. Hier wird es auf den konkreten Einzelfall ankommen, oft geht es aber um durchaus hohe Beträge.

Mein Tipp!

Wer unbedingt im Ausland gefälschte Designerware kaufen möchte, der sollte sich nicht nur bewusst sein, dass er damit natürlich der Marke schadet, sondern auch – selbst bei schlechter Qualität – keine Gewährleistungsansprüche wird durchsetzen können. Zudem sollte ich mir des Risikos bewusst sein, dass die Ware vielleicht vom Zoll beschlagnahmt und vernichtet wird. Ganz dringend kann ich nur davon abraten, im großen Stil im Ausland gefälschte Ware zu shoppen, weil ich dann unter den Verdacht geraten könnte, gewerblich zu handeln, was sehr unangenehme Folgen in strafrechtlicher und finanzieller Hinsicht haben kann.

Glückspiel im Internet: Mache ich mich strafbar?

Worum geht es?

Den meisten Menschen ist sicher gar nicht bewusst, dass das Veranstalten von Glücksspiel im Internet bis Juli 2021 in Deutschland grundsätzlich verboten und sogar strafbar war. Nur für Schleswig-Holstein gab es Sonderreglungen, die aber auch nur galten, sofern ich meinen Wohnsitz oder gewöhnlichen Aufenthalt wirklich in Schleswig-Holstein hatte. Inzwischen sind die Vorgaben für Glückspiele bundeseinheitlich geregelt, aber noch heute ist Onlineglücksspiel grundsätzlich verboten, es sei denn, der Veranstalter des Glücksspiels hat eine behördliche Erlaubnis. Dies ist – was vermutlich auch viele überrascht – ziemlich häufig aber gar nicht der Fall. Aber kann ich mich dann auch als Spieler strafbar machen, wenn ich online an einem unerlaubten Glücksspiel teilnehme? Setzt eine Strafbarkeit nicht zumindest voraus, dass ich wusste, dass es sich um unerlaubtes Glücksspiel gehandelt hat?

Wie sieht es rechtlich aus?

Spieler können sich tatsächlich strafbar machen, wenn sie an illegalem Onlineglücksspiel (Onlinecasinos, Poker, Sportwetten etc.) teilnehmen. Das Strafgesetzbuch verbietet nicht nur das unerlaubte Veranstalten eines Glücksspiels, sondern auch die Beteiligung an solchen unerlaubten Glücksspielen. Das Gesetz richtet sich explizit an Spieler, die etwa an Casinospielen oder Sportwetten im Internet teilnehmen. Es droht dabei eine Freiheitsstrafe bis zu sechs Monaten oder eine Geldstrafe. Entscheidend dafür, ob ich mich wirklich strafbar gemacht habe, ist dabei, ob ich als Spieler weiß, dass der Veranstalter keine Lizenz hat und es sich somit um unerlaubtes Glücksspiel handelt. Dieses Wissen, also juristisch der Vorsatz, muss dem Spieler nachgewiesen werden. Was zunächst wie eine ziemliche Hürde für die Strafverfolgungsbehörden klingt, wird aber zum Teil niedrig angesetzt. So hat zum Beispiel das Amtsgericht München schon einmal einen solchen Vorsatz angenommen, weil in den Nutzungsbedingungen des Glücksspielanbieters auf eine mögliche Strafbarkeit hingewiesen wurde. Der Spieler wurde daher zu einer Geldstrafe verurteilt und die Gewinne wurden eingezogen.

Mein Tipp!

Sollte sich die Polizei oder Staatsanwaltschaft mit dem Vorwurf der Beteiligung an unerlaubtem Glücksspiel bei mir melden, sollte ich sehr vorsichtig sein. Sich hier ohne Anwalt zu äußern, ist keine gute Idee. Jede Äußerung kann die Situation schwieriger machen. Hier heißt es also: cool bleiben und sich allenfalls nach Akteneinsicht und Rücksprache mit einem Anwalt äußern.

Foto im Museum gemacht, kommt dann eine Rechnung?

Worum geht es?

Es gibt Bilder und Gemälde, die kennt einfach jeder. Wenn ich den Namen »Mona Lisa« sage, muss ich gar kein Bild beschreiben, sondern vermutlich haben die Meisten direkt DAS Bild vor Augen. Bilder, die so weltberühmt sind, sind daher natürlich auch oft ein begehrtes Fotomotiv. Wenn ich vor dem Original im Museum stehe, ist es fast schon ein Reflex, zum Handy zu greifen, ein Selfie zu machen und zu posten. Warum sollte das nicht okay sein? Ich habe ja Eintritt bezahlt, oder?

Wie sieht es rechtlich aus?

Kunstwerke sind in Deutschland bis 70 Jahre nach dem Tod des Künstlers urheberrechtlich geschützt. Dies bedeutet, dass grundsätzlich nur der Urheber, also der Künstler, das Nutzungsrecht an dem Gemälde hat. Nur er dürfte es daher fotografieren und posten. Verstoße ich gegen das Urheberrecht, kann es teuer werden. In den meisten Fällen erhalte ich dann nämlich einen Brief von einem Anwalt, in dem ich aufgefordert werde, eine sogenannte Unterlassungserklärung abzugeben, also zu erklären, dass ich das Motiv nicht noch einmal fotografiere und veröffentliche. Parallel werde ich in der Regel dazu aufgefordert, mindestens noch die Kosten für den Anwaltsbrief zu tragen. Handelt es sich um sehr berühmtes Gemälde, liegen diese Kosten schnell im vierstelligen Bereich. Es ist also keine gute Idee, einfach ein Selfie vor einem zeitgenössischen Gemälde zu machen und bei Instagram zu posten. Anders kann es sein, wenn der Künstler schon seit mindestens 70 Jahren tot ist und das Kunstwerk daher »gemeinfrei« ist, also das Urheberrecht erloschen ist. Hier sollte ich aber beachten, dass auch das Museum das Abfotografieren von Kunstwerken verbieten kann. Das ist durchaus zulässig und auch gar nicht so selten. Tatsächlich muss ich mich als Museumsbesucher auch an diese Vorgabe halten, denn das Museum ist durchaus berechtigt, diese Spielregeln für den Besuch festzulegen. Mit der Eintrittskarte erwerbe ich nämlich lediglich das Recht, mir die Bilder im Museum anzusehen, aber nicht unbedingt die Erlaubnis, direkt auch Fotos zu machen und zu posten.

Mein Tipp!

Immer, wenn ich ein Foto mache, und noch mehr, bevor ich ein Foto poste, sollte ich überlegen, ob Rechte Dritter betroffen sind. Wer ins Museum geht, sollte gleich an der Kasse fragen, ob es gestattet ist, Fotos zu machen und zu posten. Tatsächlich gibt es in einigen Museen ein spezielles Extraticket, womit ich für kleines Geld die Erlaubnis zum Fotografieren bekomme.

Muss mein Ex Nacktfotos von mir löschen?

Worum geht es?

Mit dem Handy sind Fotos schnell gemacht, auch in intimen Situationen. Vielleicht erscheint mir eine Nacktaufnahme für den Partner im konkreten Moment eine gute Idee. Aber auch wenn die Beziehung in die Brüche geht, bleibt natürlich das Foto auf dem Handy des Ex. Spätestens aber, wenn der Ex Witze über eine Veröffentlichung des Fotos macht, fragen sich viele: Was kann ich jetzt machen?

Wie sieht es rechtlich aus?

Rechtlich ist die Situation eindeutig. Ich habe einen Anspruch auf Löschung der Aufnahmen gegenüber dem Expartner. Dies haben direkt zwei unserer höchsten Gerichte entschieden. Der Bundesgerichtshof entschied in aller Deutlichkeit, dass das allgemeine Persönlichkeitsrecht auch das Recht auf Bildnisschutz und die absolut geschützte Intimsphäre umfasst. Hier muss man ausnahmsweise nicht Interessen gegeneinander abwägen, selbst das Bundesverfassungsgericht führte in diesem Zusammenhang aus, dass der Kernbereich privater Lebensgestaltung, also insbesondere die Intimsphäre, absolut geschützt ist und keine Abwägung nach Maßgabe des Verhältnismäßigkeitsgrundsatzes stattfindet. Der Löschungsanspruch besteht auch dann, wenn die Aufnahmen im Rahmen der Beziehung zunächst mit meiner Einwilligung gemacht wurden. Selbst unsere Gerichte gehen dabei davon aus, dass eine solche Einwilligung auf die Dauer der bestehenden Beziehung beschränkt ist. Wer die Fotos nicht löscht, sondern sogar veröffentlicht, dem drohen hohe Schmerzensgeldansprüche. Ein Betrag von 25.000 Euro wurde schon für angemessen angesehen, mit der Begründung, dass eine endgültige Entfernung der Bilddateien aus dem Internet nach dem heutigen Stand der Technik nicht möglich ist. Selbst darüber hinaus sind Ansprüche möglich, wenn ein weitergehender Schaden etwa aufgrund beruflicher Beeinträchtigungen durch die Veröffentlichung entstanden sein sollte.

Mein Tipp!

Auch wenn ich einen Anspruch auf Löschung sowie Schadensersatz und Schmerzensgeld habe, kompensiert das natürlich nur den Schaden, den ich durch die Veröffentlichung des Fotos erlitten habe. Gerade weil es so einfach und schnell ist, Fotos zu machen, sollte ich doch immer überlegen, ob ich ein Foto nicht vielleicht später bereue. Auf der anderen Seite sollte ich mir auch bewusst machen, dass ich nicht jedes Foto, auf das ich vielleicht Zugriff habe, auch veröffentlichen darf. Dies kann durchaus teuer werden.

»Gekaufter« Film on demand nicht mehr verfügbar?

Worum geht es?

Nur noch wenige Menschen kaufen noch DVDs. Es ist es viel leichter und bequemer, einfach einen Film bei den vielen Onlineanbietern zu suchen. Oft werden auch On-demand-Filme kostenfrei angeboten oder sind in einem Abo enthalten. Manchmal ist es aber auch nur gegen Bezahlung möglich, einen bestimmten Film zu sehen. Dann stehe ich in aller Regel vor der Wahl zwischen dem »Leihen« oder dem Kauf des Filmes. Also kann ich mir den Film immer kostenfrei ansehen, oder nicht?

Wie sieht es rechtlich aus?

Wenn ich einen Film kaufe, dann klingt dies erst einmal so, dass ich den Film zeitlich unbegrenzt immer wieder aufrufen und ansehen kann. Viele stellen es sich quasi wie eine digitale DVD vor, die auf dem eigenen digitalen Account lagert. Tatsächlich heißt gekauft möglicherweise gar nicht, dass ich den Film für immer nutzen kann. So gibt es zum Teil in den Nutzungsbedingungen von Streamingdiensten Einschränkungen dazu, dass gekaufte digitale Inhalte unter Umständen aufgrund von Lizenzbeschränkungen nicht unbegrenzt zur Verfügung stehen. Natürlich ist es nicht unüblich, dass man Details eines Geschäfts in den allgemeinen Geschäftsbedingungen regelt. Bei einer solchen Regelung hätte ich aber doch Zweifel, ob dies nicht für den Verbraucher eine sehr überraschende Regelung und unangemessene Benachteiligung wäre, wenn gekaufte (!) Filme plötzlich weg sind. Gerade der Begriff des »Kaufes« vermittelt hier doch ein ganz anderes Bild als das einer nur zeitweiligen Nutzung. Vermutlich werden im Streitfall Gerichte entscheiden müssen, was genau nun unter Kauf zu verstehen ist.

Mein Tipp!

Sollten tatsächlich im größeren Rahmen gekaufte Inhalte nicht mehr verfügbar sein, würde ich mich doch an den Anbieter wenden und fordern, dass diese Inhalte wieder für mich verfügbar sind. Kommt es zu keiner Einigung, könnte hier auch ein Gang zum Anwalt oder zur Verbraucherzentrale sinnvoll sein. Vermutlich stehe ich mit dem Problem nicht alleine da und oft kann ich in einer solchen Konstellation über eine Sammelklage der Verbraucherzentrale meine Rechte ohne Kostenaufwand durchsetzen.

5. Kapitel:

Social Media

Praktische Tipps für
Einsteiger bis Profis

Darf ich wirklich keine Fotos von anderen Personen posten?

Worum geht es?

Ich liebe Social Media und finde es immer spannend, zu sehen, was die Menschen so treiben. Auch wer selbst keinen eigenen Account hat, wird sein eigenes Bild wahrscheinlich öfter in den sozialen Medien finden als gedacht oder vielleicht auch, als einem selbst lieb ist. Aber was kann passieren, wenn ich einfach das Foto von einer anderen Person, vom Familienfest oder dem Kegelausflug ins Netz stelle? Ist das nicht okay? Denn schließlich war ja allen klar, dass ein Foto gemacht wurde.

Wie sieht es rechtlich aus?

Rechtlich sind Fotografieren und Veröffentlichen eines Fotos nicht gleichzusetzen. Aus dem allgemeinen Persönlichkeitsrecht heraus kann ich immer entscheiden, wer mich fotografiert und auch, ob dieses Foto dann noch veröffentlicht werden darf. Zudem hat jede Person auch das Recht am eigenen Bild. Daher brauche ich grundsätzlich die Einwilligung, wenn ich Fotos einer Person mache und/oder veröffentliche. Gesetzlich gibt es einige wenige Ausnahmen zu diesen Grundsätzen. So sieht es anders aus, wenn eine Person auf dem Foto nur untergeordnet als Beiwerk oder zufällig in einer Menschenmenge zu sehen ist. Auch Prominente müssen hier etwas mehr erdulden. Je prominenter eine Person ist und je öffentlicher der Kontext ist, in dem das Foto entstanden ist, desto eher muss ein Prominenter sich das Fotografieren und auch die Veröffentlichung des Bildes gefallen lassen. Liegt aber keiner dieser Sonderfälle vor, drohen mir eine Abmahnung, ggf. sogar auch noch Schadensersatz- und Schmerzensgeldforderungen, wenn ich einfach ein Foto von einer anderen Person mache und veröffentliche. Das kann also richtig teuer werden und in manchen Fällen drohen sogar strafrechtliche Konsequenzen, wenn nämlich das Foto den höchstpersönlichen Lebensbereich betrifft. Wer also andere in intimen Situationen ablichtet, dem droht eine Freiheitsstrafe von bis zu zwei Jahren oder eine Geldstrafe. Natürlich ist dies vielleicht eher die Ausnahme. Die eigene Familie wird auch in den wenigstens Fällen Schadensersatzforderungen geltend machen. Gerade wenn aber Kinder auf den Fotos zu sehen sind, dann kann – völlig zu Recht – das Entfernen des Fotos aus den sozialen Medien verlangt werden.

Mein Tipp!
Social Media ist für viele inzwischen ein ganz selbstverständlicher Teil ihres Lebens. Das ist aber nicht bei jedem so. Ich sollte mir zudem immer wieder bewusst machen, dass nicht alles, was problemlos möglich ist, auch rechtlich zulässig sein muss. Es ist natürlich leicht, mit dem Smartphone ein Foto zu machen und zu posten, aber es macht – auch im privaten Umfeld – absolut Sinn, sich genau zu vergewissern, ob der Fotografierte mit dem Fotografieren und auch dem Veröffentlichen einverstanden ist.

Fotos des Einbrechers von Überwachungskameras darf ich posten, oder?

Worum geht es?

Inzwischen findet man fast überall Überwachungskameras. Konnte die Kamera den Dieb schon nicht vom Diebstahl abhalten, habe ich aber im besten Fall wenigstens ein gestochen scharfes Bild davon, wie jemand meinen Fernseher oder andere Wertgegenstände aus meiner Wohnung trägt. Da ist es doch vielleicht eine Überlegung, die Bilder in den sozialen Medien zu posten und selbst nach dem Täter zu suchen. Die Versuchung, selbst nach der Person zu »fahnden«, ist vielleicht auch dann besonders groß, wenn die Polizei nicht erfolgreich bei der Suche nach dem Dieb war. Aber darf ich das überhaupt?

Wie sieht es rechtlich aus?

In einer solchen Konstellation selbst Polizei zu spielen, ist keine gute Idee. Auch wenn es auf den ersten Blick befremdlich und unverständlich klingen mag, würde ich so gegen das allgemeine Persönlichkeitsrecht und das Recht am eigenen Bild verstoßen, das eben auch ein Dieb hat. Es würde mir in diesem Fall eine Freiheitsstrafe bis zu einem Jahr oder Geldstrafe drohen. Wer dies so gar nicht nachvollziehen kann, der sollte bedenken, dass in dem Moment, in dem ich selbst nach dem vermeintlichen Einbrecher »fahnde«, noch keine Verurteilung vorliegt. Im schlimmsten Fall würde ich daher selbst strafrechtlich wegen übler Nachrede, Verleumdung oder Ähnlichem belangt, wenn sich der Verdacht später vielleicht doch als falsch herausstellt. Es könnten auch Unterlassungs- und Schadenersatzansprüche auf mich zukommen. Verliert der Abgebildete durch meine Veröffentlichung eines Fotos seine Arbeit, kann das richtig teuer für mich werden. Ist die abgebildete Person tatsächlich der Täter, wird er zwar kaum einen Strafantrag stellen, aber die Datenschutzbehörden könnten sich einschalten und ein Bußgeld verlangen. Auch die Polizei unterbindet im

Übrigen regelmäßig eine »private« Strafverfolgung über Facebook und Co. Es gilt ja bis zur Verurteilung weiter der Grundsatz: Im Zweifel für den Angeklagten. Eine Veröffentlichung von Foto- oder Bildmaterial käme aber häufig einer Vorverurteilung gleich.

Mein Tipp!

Egal, ob ich die rechtliche Situation gut oder schlecht finde, ich sollte es in jedem Fall nicht schlimmer für mich machen. Auch wenn ich nicht selbst nach dem Dieb fahnden darf, können die Aufnahmen sicherlich hilfreich sein und ich kann sie natürlich der der Polizei zur Verfügung stellen. Auch Gerichte haben solche Aufnahmen durchaus schon genutzt und dank der Aufnahmen kam es dann zu einer Verurteilung.

Warum bei Zitaten in den sozialen Medien oft Ärger droht!

Worum geht es?

Zitate sind in den sozialen Medien sehr beliebt. Es gibt Accounts, die bestehen eigentlich nur aus schönen Bildern mit Zitaten von berühmten Persönlichkeiten. Aber ist das wirklich mit der Zitierfreiheit gemeint? Darf ich ein Zitat immer einfach so verwenden, wenn ich den Zitatgeber unter dem Zitat nenne?

Wie sieht es rechtlich aus?

Hier kann ich leider sehr eindeutig sagen, dass die Nutzung in den meisten Fällen rechtlich nicht zulässig ist. Hintergrund ist wieder einmal das Urheberrecht. Auch ein sehr kurzer Text wird sehr schnell durch das Gesetz urheberrechtlich geschützt. Es genügt dafür schon, dass der Text eine gewisse Originalität hat, was Zitate in der Regel natürlich gerade auszeichnet. Wer also einfach seinen Content mit einem netten Zitat füllt, dem droht eine Abmahnung des Urhebers oder von dessen Erben. Mindestens die Kosten für den Anwalt werden dann fällig und auch um die Abgabe einer Unterlassungserklärung werde ich kaum herumkommen. Natürlich gibt es aber auch die Möglichkeit, Zitate in zulässiger Weise zu nutzen. Dazu muss ein Zitat einen sogenannten Zitatzweck haben, das heißt, ich muss mich mit dem Zitat wirklich geistig auseinandersetzen. Dies ist insbesondere dann der Fall, wenn ich das Zitat nutze, um eigene Äußerungen zu untermauern oder besser verständlich zu machen. Seit 2021 darf ich fremde Inhalte, also auch Zitate, zudem ohne Erlaubnis des Rechteinhabers und ohne Quellenangabe »zum Zwecke der Karikatur, der Parodie und des Pastiches« nutzen.

Wann genau diese Voraussetzungen zu bejahen sind, ist rechtlich noch nicht abschließend geklärt, weil diese Ausnahmen eben noch recht neu sind und es daher erst wenige Urteile dazu gibt. Definitiv wird aber auch hier mehr erforderlich sein, als ein schönes Foto völlig zusammenhanglos mit einem Zitat zu kombinieren. Schließlich kann ich ein Zitat auch frei nutzen, wenn das Urheberrecht schon erloschen ist. In Deutschland ist dies 70 Jahre nach dem Tod des Urhebers der Fall. Bei den allermeisten Inhalten auf Social Media werden allerdings Zitate von noch lebenden Künstlern genutzt, sodass auch diese Ausnahme oft nicht helfen wird.

Mein Tipp!

Immer dann, wenn ich Werke von anderen nutze, egal ob Fotos, Zitate oder Musik, sollte ich immer überlegen, ob dies wirklich zulässig ist. Das deutsche Urheberrecht ist recht streng und grundsätzlich stehen erst einmal nur dem Urheber die Nutzungsrechte zu. Solange sich der Urheber nicht an der Nutzung stört, habe ich natürlich auch nichts zu befürchten. Je bekannter allerdings das Zitat und auch der Urheber ist, desto vorsichtiger sollte ich sein.

Darf ich jeden Post in den sozialen Medien teilen?

Worum geht es?

Social Media lebt von Interaktionen. Daher ist es eigentlich auch fast immer möglich, Posts und Beiträge zu teilen. Wenn es die Funktion des Teilens gibt, dann muss es doch auch zulässig sein, einen Beitrag zu teilen. Wie aber auch sonst im Leben ist nicht alles, was ich machen kann, auch rechtlich zulässig. Darf ich also jeden Beitrag teilen?

Wie sieht es rechtlich aus?

Für viele User mag es sicherlich überraschend sein, aber auch das Verbreiten, also Teilen, von fremden Inhalten auf Social Media ohne Einwilligung des Rechteinhabers kann urheberrechtlich problematisch sein. Endlich gibt es hier aber nun auch einmal gute Nachrichten. Juristen haben tatsächlich darüber diskutiert, ob das Teilen eines Posts oder Beitrags eine Urheberrechtsverletzung sein kann. Eine Urheberrechtsverletzung würde aber natürlich nicht vorliegen, wenn der Urheber eben sein Einverständnis dazu erteilt hätte. Genau hier wurde daher von Gerichten angesetzt. Eine Einwilligung des Rechteinhabers wurde schon von Gerichten angenommen, wenn der Inhalt innerhalb einer Plattform mit integrierter Teilen-Funktion gepostet wurde. Gerichte haben also auch damit argumentiert, dass jemand, der einen Inhalt einstellt und das Teilen ermöglicht, dann später nicht genau deswegen eine Verletzung seiner Rechte geltend machen könne. Grundsätzlich darf ich die Teilen-Funktion also daher auch rechtlich zulässig nutzen.

Mein Tipp!

Entscheidend ist hier, dass derjenige, der einen Post macht, von der Teilen-Funktion weiß und ich daher davon ausgehen darf, dass er auch für das Teilen seine Zustimmung erteilte, indem er ebendiese Funktion für seinen Beitrag akzeptiert hat. Anders sähe es allerdings aus, wenn ich einfach ein Bildschirmfoto machen würde und dieses dann selbst poste. Mein Tipp also: Also auf jeden Fall die Teilen-Funktion nutzen und nicht Inhalte auf anderem Weg verbreiten!

Wie schütze ich meine Inhalte davor, kopiert zu werden?

Worum geht es?

Jeder, der in den sozialen Medien unterwegs ist, weiß, dass in kaum einem anderen Bereich so viel kopiert wird. Ein Creator, der eine innovative, sprich neue, Idee hat, kann ziemlich sicher sein, dass seine Idee in Windeseile von vielen anderen Content Creators aufgegriffen und kopiert wird. Manchmal wird dabei »nur« die Idee kopiert, aber manchmal werden Teile sogar wörtlich übernommen. Aber was kann ich als Creator dagegen tun?

Wie sieht es rechtlich aus?

In einige Fällen wird dem Creator des »Originals« das deutsche Urheberrecht helfen. Dieses Urheberrecht entsteht für den Urheber in Deutschland auch schon automatisch mit der Schaffung eines Werks. Ich muss also nirgendwo ein spezielles Urheberrecht registrieren lassen und auch nirgendwo eine Art »Copyright-Zeichen« anbringen. Ein Teil des Urheberrechts ist dann auch das sogenannte Nutzungs- und Verwertungsrecht. Grundsätzlich darf danach nur der Urheber selbst das Werk nutzen. Die Nutzung durch andere Personen ist – bis auf wenige Ausnahmen – nur mit Einwilligung des Urhebers zulässig. Natürlich kann der Urheber auch Dritten Nutzungsrechte einräumen. Wer aber ungefragt ein fremdes Werk nutzt, von dem kann der Urheber Unterlassung fordern und Schadensersatzansprüche geltend machen. Voraussetzung für diesen Schutz ist allerdings, dass ein Werk im Sinne dieses Urhebergesetzes vorliegt. Es muss danach eine persönliche geistige Schöpfung sein. Es reicht aber eine gewisse Individualität, damit der Schutz des Urheberrechts greift. Ein Werk kann dabei insbesondere ein Text, ein Bild, Musik, ein Video oder auch ein Computerprogramm sein. Eine reine Idee wird allerdings nicht durch das Urheberrecht geschützt. Wer also sieht, dass das neue Konzept seiner Videos von anderen kopiert wird, kann in der Regel kaum etwas dagegen tun. Wurde aber beispielsweise ein Text wörtlich übernommen, liegt eine Urheberrechtsverletzung vor. In einer solchen Konstellation kann ich dann verlangen, dass das Kopieren unterlassen wird. Dem Schädiger droht also eine Abmahnung, er muss eine sogenannte »Unterlassungsverpflichtungserklärung« abgeben, also den Text nicht nur löschen, sondern auch erklären, dass er es künftig unterlassen wird, diesen zu nutzen. Soweit der Schädiger eine solche Erklärung nicht abgibt, kann ich dies auch im Rahmen einer einstweiligen Verfügung gerichtlich einfordern. Zudem kann ich eine (fiktive) Lizenzgebühr verlangen, Herausgabe des Gewinnes oder Ersatz des konkreten Schadens, der ggf. mir durch die unberechtigte Nutzung entstanden ist.

Mein Tipp!

Natürlich ärgert man sich, wenn man kopiert wird. Auf der anderen Seite ist dies in den sozialen Medien oft durchaus ein Zeichen von Erfolg. Niemand kopiert schließlich etwas, was keinem gefällt. Wurde allerdings nur die Idee übernommen, wird man auch gar nichts weiter machen können. Sollte eine Urheberrechtsverletzung vorliegen, kann ich natürlich sämtliche Rechte wie Unterlassungserklärung und Lizenzgebühren verlangen. Gerade im Social-Media-Bereich muss ich aber auch immer überlegen, wie die eigene Community bzw. die Community des anderen Creators reagiert. Oft ist es daher sinnvoll, zunächst einmal einen Warnschuss abzugeben und erst bei einer erneuten Urheberrechtsverletzung alle Register zu ziehen.

Warum fast alle Reaction-Videos rechtlich problematisch sind!

Worum geht es?

Reaction-Videos sind schon lange sehr beliebt in den sozialen Medien. Dennoch sind Reactions nicht ganz unumstritten unter Creators. Die eine Seite sieht es eher als billigen Content-Klau, die anderen sehen darin einen Mehrwert, der über das Original hinausgeht. Aber wie sieht es eigentlich rechtlich aus? Darf ich einfach so das Material eines anderen nutzen und darauf reagieren?

Wie sieht es rechtlich aus?

Wer das Werk eines anderen nutzen möchte, kann sich natürlich das entsprechende Nutzungsrecht vom Urheber einräumen lassen. Aber auch das Gesetz räumt in speziellen Konstellationen die Möglichkeiten ein, ein fremdes Werk auch ohne Einwilligung des Urhebers zu nutzen. Reaction-Videos fallen dabei häufig unter das sogenannte Zitatrecht. Um unter diese gesetzliche Ausnahme zu fallen, muss die ursprüngliche Quelle »zitiert« werden und eine Auseinandersetzung mit den Inhalten des ursprünglichen Videos erfolgen. Ein paar lustige Kommentare zu verschiedenen Situationen abzugeben, wird nicht reichen. Aber Achtung: Bei Reaction-Videos kann auch das Recht am eigenen Bild betroffen sein. Wenn nämlich in dem ursprünglichen Video Personen zu sehen sind, dann werden diese Personen natürlich auch im Reaction-Video zu sehen sein. Hier hilft dann auch nicht das Zitatrecht. Denn grundsätzlich brauche ich für die Veröffentlichung von Bildmaterial die Einwilligung des Abgebildeten. Eine Ausnahme gibt es dann, wenn die Person zum Beispiel nur Beiwerk ist oder es sich um Aufnahmen der Zeitgeschichte mit Prominenten handelt. Im

Zweifel wird ein Gericht entscheiden, ob sich der Creator bei einem Reaction hinreichend mit dem Originalvideo auseinandergesetzt hat und ob eine Person vielleicht wirklich nur Beiwerk ist. Sollte das Gericht dann aber die Ansicht vertreten, dass durch das Reaction-Video unberechtigt in die Rechte Dritter eingegriffen wurde, muss ich mit fiktiven Lizenzgebühren, Herausgabe des Gewinns oder Ersatz des konkreten Schadens des Dritten rechnen. Im schlimmsten Fall drohen sogar ein Strafverfahren und eine Freiheitsstrafe von bis zu drei Jahren oder Geldstrafe.

Mein Tipp!

Bei Reaction-Videos bin ich rechtlich auf relativ unsicherem Gebiet unterwegs. In vielen Fällen wird die Auseinandersetzung mit dem Originalvideo nicht ausreichend sein, um unter das Zitatrecht zu fallen, Ich kann mir also nicht sicher sein, dass der Creator des Originalvideos nicht gegen mein Reaction-Video vorgeht. All diese Sorgen kann ich mir sparen, wenn ich die entsprechenden Einwilligungen einhole. Meine Empfehlung ist daher ganz klar, einfach per E-Mail beim Creator des ursprünglichen Videos nachzufragen. Ist der Urheber bzw. die abgebildete Person mit dem Reaction-Video einverstanden, ist alles in Ordnung.

Warum Musik bei einem Video richtig teuer werden kann!

Worum geht es?

Musik und Social Media, das gehört natürlich zusammen. Viele Trends funktionieren nur mit Musik oder basieren sogar auf Musik. Trotzdem machen sich viele gar keine Gedanken dazu, ob man eigentlich jede Musik immer und überall nutzen darf. Aber kann es wirklich ein Problem geben, wenn ich die Musik einer Plattform nutze? Bin ich mit den Musik-Datenbanken der Plattformen nicht auf der rechtlich sicheren Seite? Was ist, wenn ich auf einer Party ein Video mache und es poste? Kann es in einer solchen Konstellation aufgrund der Musik Probleme geben?

Wie sieht es rechtlich aus?

Einfach so Musik zu nutzen, ist nur in den seltensten Fällen rechtlich zulässig. Grundsätzlich brauche ich auch hier die Einwilligung des Rechteinhabers und muss dafür in aller Regel Lizenzgebühren zahlen. Auch die Nutzung fremder Musik ohne Einwilligung des Rechteinhabers ist dann möglich, wenn eine rechtliche Ausnahme gegeben ist. Dies ist zum Beispiel bei Karikatur, Parodie oder Pastiche zulässig sein. Was genau darunter zu verstehen ist, ist oft nicht ganz eindeutig. Poste ich ein Video von einer Party, werden mir diese Ausnahmen aber in der Regel kaum helfen. Insgesamt dürfte es schwierig sein, hier eine gesetzliche Ausnahme zu finden, auf die ich mich berufen könnte. Anders sieht es aus, wenn ich für meine Videos die Musik nutze, die die Plattformen selbst anbieten. Das ist sicherlich erst einmal die einfachste und beste Lösung für die meisten User. Aber auch hier muss ich auf die konkreten Bedingungen und Hinweise achten. So ist die Nutzung der Musik danach ausschließlich für die Veröffentlichung auf der jeweiligen Plattform zugelassen und es wird zwischen der Musikbibliothek für gewerbliche Accounts und private Accounts unterschieden. An diese Regeln sollte ich mich auch unbedingt halten, denn ansonsten droht mir eine Abmahnung. Geltend gemacht wird in der Abmahnung in der Regel mit einer beigefügten Unterlassungserklärung, dass ich mich dazu verpflichte, das entsprechende Video zu löschen, nicht noch einmal die Rechte des Betroffenen zu verletzen und – sollte ich mich daran nicht halten – eine Vertragsstrafe zu zahlen. Auch die Kosten der Abmahnung werde ich oft tragen müssen sowie fiktive Lizenzkosten für die bereits erfolgte unzulässige Nutzung. Je bekannter ein Lied ist, desto teuer kann das werden. Darüber hinaus kann es sogar noch strafrechtliche Konsequenzen geben, da die Verbreitung und öffentliche Wiedergabe eines Werkes in unzulässiger Weise eine Straftat ist. Hier droht mir eine Freiheitsstrafe von bis zu drei Jahren oder eine Geldstrafe.

Mein Tipp!

Wer professionell im Social-Media-Bereich unterwegs ist, wird häufig seine Videos auf unterschiedlichen Plattformen parallel posten. Die Vorgehensweise ist an sich natürlich auch sehr praktisch, aber ist in Bezug auf die genutzte Musik gefährlich, denn es fehlt eben die Berechtigung, die Musik auf verschiedenen Plattformen zu nutzen. Wer nicht zwingend Trendmusik benötigt, für den kann es daher sinnvoll sein, auf eine Musikdatenbank zurückzugreifen, sodass ich grundsätzlich auch immer ein Video mit einer Musik rechtssicher für alle Plattformen nutzen kann. Dies kann nicht nur Ärger, sondern auch viel Zeit ersparen.

Darf ich eigentlich ein Konzert im Netz posten?

Worum geht es?

Wer in den sozialen Medien unterwegs ist, bekommt auf jeden Fall mit, wenn ein bekannter Künstler gerade eine Tournee macht. Das Netz wird häufig nahezu geflutet von Storys oder Posts zu den Konzertbesuchen. Manchmal mit, manchmal ohne Ton zeigen sich begeisterte Fans in den Stadien und geben einen Eindruck der Atmosphäre des Konzertes. Die meisten Konzertbesucher sehen darin auch kein Problem und halten ihren Beitrag eher für eine Art Werbung für den Künstler. Aber ist das wirklich so?

Wie sieht es rechtlich aus?

Leider kann auch ein Beitrag von einem Konzert zu rechtlichen Problemen führen. Ein kurzes Video zum Konzert wird oft einfach geduldet. Ist die Musik auf dem geposteten Video zu hören, kann es Ärger aufgrund des Urheberrechts geben, denn Musik darf grundsätzlich nicht ohne Einwilligung des Urhebers genutzt werden. Hier können Kosten für eine Abmahnung und auch fiktive Lizenzkosten im Raum stehen. Wie üblich ist nicht nur finanzieller Ärger möglich, es können sogar noch strafrechtliche Konsequenzen drohen. Die öffentliche Wiedergabe von Musik in unzulässiger Weise kann grundsätzlich als Straftat geahndet werden: mit einer Freiheitsstrafe von bis zu drei Jahren oder Geldstrafe. Besser sieht es aus, wenn ich nur ein Foto veröffentliche. Ein prominenter Künstler, der auf der Bühne performt, wird gegen das Fotografieren und auch die Veröffentlichung des Bildes grundsätzlich kaum etwas machen können. Wer keine anderen Konzertbesucher direkt zeigt, sondern darauf achtet, dass diese auf seinem Foto nur untergeordnet als Beiwerk oder zufällig in der Menschenmenge zu sehen sind, muss sich ebenfalls keine Sorgen bezüglicher der Verletzung von Persönlichkeitsrechten machen.

Mein Tipp!

Oft wird ein Beitrag zu einem Konzertbesuch tatsächlich einfach als nette Werbung angesehen und es passiert nichts. Wichtig ist aber auch hier, dass ich mir über die rechtlichen Hintergründe bewusst bin. Wer also direkt beim Erstellen seiner Beiträge darauf achtet, keine fremden Personen ganz exponiert zu zeigen, und vielleicht eher auf ein Foto als auf ein Video vom Konzert zurückgreift, der ist gut beraten.

Welche Fotos darf ich in den sozialen Medien nutzen?

Worum geht es?

Social Media lebt auch von schönen Fotos. In den allermeisten Fällen ist die Nutzung kein Problem, wenn man die Fotos selbst gemacht hat und auch noch selbst auf den Fotos zu sehen ist. Aber diese Konstellation liegt sicherlich nicht immer vor. Welche Fotos darf ich denn sonst noch nutzen?

Wie sieht es rechtlich aus?

Die Frage ist schwieriger zu beantworten, als man meinen könnte. Einfach so Fotos aus dem Netz zu nutzen, ist keine gute Idee, auch wenn man natürlich schnell tolle Fotos findet. Auch hier gilt aber wieder, dass ein Foto ein Werk ist, das durch das Urheberrecht geschützt wird und erst einmal nur der Urheber, also der Fotograf, das Nutzungsrecht an einem Foto hat. Die gesetzlichen Ausnahmen zu diesem Grundsatz sind ziemlich begrenzt und helfen eben nur in Ausnahmefällen. Anders kann es aussehen, wenn ich Fotos aus Fotodatenbanken nutze. Hier kann der Fotograf über die Datenbank die Nutzungsrechte auf mich übertragen und mir auch Bilder »kostenlos und lizenzfrei« zur Verfügung stellen. Auch wenn dies eine gute Möglichkeit ist, Fotos zu nutzen, sollte ich unbedingt vor der Nutzung die genauen Nutzungsbedingungen des Anbieters durchlesen. So ist bei einigen Anbietern jedenfalls die kostenlose Nutzung der Fotos zu kommerziellen Zwecken dann doch nicht erlaubt. Wer professionell als Creator unterwegs ist, kann die Nutzung also direkt vergessen. Oft wird auch die Möglichkeit eingeschränkt, die Fotos zu bearbeiten. Im Social-Media-Bereich ist es aber durchaus üblich, Texte über ein Foto zu legen oder sonstige Veränderungen vorzunehmen. Jede Veränderung am Originalfoto kann aber dazu führen, dass die Nutzung nicht mehr gestattet ist. Unbedingt beachten sollte ich auch, ob ich vielleicht den Urheber bzw. Stockfoto-Anbieter nennen muss. Manchmal müssen diese Angaben direkt bei dem Bild oder jedenfalls in unmittelbarer Nähe gemacht werden. Schließlich sollte ich insbesondere auch beachten, ob ich Unterlizenzen an Dritte vergeben darf. Wenn dies nicht der Fall ist, kann es ebenfalls Probleme geben, denn Social-Media-Plattformen lassen sich in ihren Nutzungsbedingungen standardmäßig Nutzungsrechte an den geposteten Inhalten einräumen.

Mein Tipp!

Wer häufig fremde Fotos nutzen möchte, für den macht es Sinn, einmal eine Datenbank zu suchen, mit der er gut arbeiten kann. Die Datenbanken, die Fotos kostenlos zur

Verfügung stellen, haben meist etwas weniger Auswahl als kostenpflichtige Datenbanken. Bevor ich mich für eine Datenbank entscheide, sollte ich unbedingt auch durchsehen, welche Rechte eingeräumt werden. Wer so vorgeht, der muss sich zwar einmal Arbeit machen mit der Auswahl der Datenbank, ist aber danach bei jedem Foto rechtlich auf der sicheren Seite.

Abmahnung erhalten: Was nun?

Worum geht es?

Wer oft oder sogar professionell in den sozialen Medien unterwegs ist, wird früher oder später eine Abmahnung erhalten. Ob diese Abmahnung berechtigt ist, steht auf einem anderen Blatt, aber oft ist es doch ein kleiner Schock, eine Abmahnung zu bekommen. Die kurzen Fristen, die dann in der Abmahnung regelmäßig zur Reaktion gesetzt werden, machen es nicht angenehmer. Was also tun, wenn eine Abmahnung gekommen ist?

Wie sieht es rechtlich aus?

Sobald ich eine Abmahnung erhalten habe, sollte ich schnellstmöglich überprüfen (lassen), ob die Abmahnung berechtigt ist. Wenn dies der Fall ist, führt nämlich kaum ein Weg an einer sogenannten »Unterlassungsverpflichtungserklärung« vorbei. Nur nach Abgabe einer solchen Erklärung kann der Abmahnende nämlich davon ausgehen, dass keine Wiederholungsgefahr besteht und der Fehler nicht nur beseitigt, sondern auch künftig unterlassen wird. Ich sollte dennoch sehr vorsichtig sein, eine solche »Unterlassungsverpflichtungserklärung«, die einer Abmahnung gerne beigefügt wird, einfach zu unterschreiben. Oft wird nämlich versucht, den Unterzeichnenden weiter zu verpflichten, als dies rechtlich eigentlich erforderlich wäre. Das kann so weit gehen, dass ich mich verpflichte, eine Vertragsstrafe auch für an sich erlaubtes Tun zu zahlen. Tatsächlich wäre dies rechtlich aber durchaus zulässig, aber kann mich als Unterzeichner in ernste Schwierigkeiten bringen. Ich sollte zudem unbedingt darauf achten, dass ich mich selbstverständlich sofort an die Unterlassungspflicht und Erklärung halten muss. Sage ich beispielsweise zu, dass ich zukünftig bestimmte Bilder nicht mehr veröffentliche, sollte ich vorher unbedingt alle sozialen Medien und die eigene Website sehr genau daraufhin prüfen, ob nicht irgendwo noch das »abgemahnte« Bild zu finden ist. Ansonsten würde der abgemahnte Verstoß direkt noch einmal begangen werden, was aufgrund der abgegebenen Unterlassungsverpflichtungserklärung richtig teuer werden kann.

Mein Tipp!

Wichtig bei einer Abmahnung ist, nicht in Panik zu verfallen, aber die Abmahnung dennoch ernst zu nehmen. Wer gar nicht reagiert, dem droht ziemlich schnell ein gerichtliches Verfahren. In den allermeisten Fällen wird die Gegenseite nämlich versuchen, ihre Rechte im Wege einer Art Eilverfahrens, nämlich einer einstweiligen Verfügung, durchzusetzen. Tatsächlich hat die Gegenseite dazu auch nur begrenzt Zeit, sodass hier schnell noch mehr Kosten entstehen können. Wenn die Abmahnung tatsächlich berechtigt sein sollte, gilt es aber, weitere Schäden zu vermeiden. Wenn ich eine Abmahnung erhalten habe, sollte ich also tatsächlich auch schnell reagieren.

Abmahnfalle Gewinnspiel: Was sollte ich unbedingt beachten?

Worum geht es?

Gewinnspiele sind total beliebt in den sozialen Medien. Absolut verständlich, denn natürlich gefällt es mir als Follower, wenn ich etwas gewinnen kann, und gleichzeitig ist es eine schöne Möglichkeit für Creators, den eigenen Followern Unterhaltung und einen Mehrwert zu bieten. Gerade wenn das Gewinnspiel Teil einer Kooperation ist, kostet es den Creator gar nichts, sondern bringt im Zweifel sogar noch Einnahmen über die Kooperation mit dem Produktgeber des Gewinns. Zudem kann ich oft auch noch Follower dazugewinnen, gerade wenn mit einem anderen Creator zusammen ein Gewinnspiel gemacht wird.

Wie sieht es rechtlich aus?

Bei Gewinnspielen gibt es rechtlich einiges zu beachten. Bei Fehlern kann es Ärger mit der jeweiligen Plattform geben, zum anderen drohen Abmahnungen von anderen Creators oder Verbraucherschutzverbänden. Um dies zu vermeiden, sollte ich das Gewinnspiel unbedingt als Werbung kennzeichnen, wenn es Teil einer Kooperationsvereinbarung ist. Zudem muss sichergestellt sein, dass die Teilnahmebedingungen während der Dauer des Gewinnspiels leicht zugänglich, gut lesbar sowie klar und deutlich formuliert sind. In die Teilnahmebedingungen gehört etwa auch die Nennung des Veranstalters, des Teilnehmerkreises, ein Teilnahmezeitraum, weitere Teilnahmebedingungen und – natürlich – der Gewinn. Auch muss klar sein, wie der Gewinner ermittelt und benachrichtigt wird und wie der Gewinn zum Gewinner kommt. Natürlich ist bei einem Gewinnspiel auch der Datenschutz zu beachten, denn die Angabe von Kontaktdaten für die Teilnahme ist quasi unvermeidlich und damit ist natürlich auch darüber zu informieren, welche Daten wofür erfasst und wie gespeichert werden. Auch darüber, dass der Name des Gewinners später veröffentlicht werden soll, müssen die Teilnehmer aufgeklärt werden. Eine entsprechende Datenschutzerklärung sollte daher hinterlegt sein und für die Teilnehmer auch gut erreichbar. Schließlich müssen auch die Nutzungsbedingungen der jeweiligen Social-Media-Plattform beachtet werden. So fordern Plattformen zum Teil, dass den Teilnehmern erklärt wird, dass das Gewinnspiel in keiner Verbindung zu der Plattform steht und in keiner Weise von der Plattform gesponsert, unterstützt oder organisiert wird.

Mein Tipp!

Wer regelmäßig Gewinnspiele veranstaltet, sollte sich einmal umfassend mit dem Thema beschäftigen. Das Prinzip ist immer gleich. Wenn ich als Creator also einmal vernünftige Rahmenbedingungen für Gewinnspiele erstellt habe, bin ich schon gut aufgestellt. Ein guter Tipp ist auch, sich in den Teilnahmebedingungen immer vorzubehalten, das Gewinnspiel zu jedem Zeitpunkt ohne Vorankündigung und ohne Angabe von Gründen abbrechen oder beenden zu können. Dies kann ich tatsächlich so in den Bedingungen festlegen. Viele Probleme und mögliche Ansprüche von Teilnehmern kann ich so direkt vermeiden, wenn bei der Durchführung des Gewinnspiels doch einmal etwas schiefgeht.

Endlich verständlich: Wann muss ich etwas als Werbung kennzeichnen?

Worum geht es?

Viele Content Creator erzielen einen Großteil ihres Einkommens über bezahlte Werbekooperationen. Aber natürlich beruht nicht jede Empfehlung eines Creators darauf, dass er Geld für eine Empfehlung bekommt. Müssen dann solche Empfehlungen dennoch als Werbung gekennzeichnet werden? Und wie sieht es aus, wenn ich zwar kein Geld bekommen habe, aber mir das Produkt geschenkt wurde?

Wie sieht es rechtlich aus?

Tatsächlich war die Frage, wann eine Werbekennzeichnung zu erfolgen hat, lange umstritten. Inzwischen ist dies deutlich klarer. So müssen rein private Accounts, die keine Gegenleistung für »Werbung« erhalten, werbliche Aussage grundsätzlich nicht als Werbung kennzeichnen müssen. Auch wenn ich keine Gegenleistung erhalte, kann sich aber eine Kennzeichnungspflicht ergeben, wenn ein Produkt übertrieben angepriesen wird, sodass der Eindruck entsteht, dass damit der Verkauf gefördert werden soll. Offensichtlich rein kommerzielle Kanäle haben es da leichter. Hier muss Werbung für eigene Produkte grundsätzlich nicht gekennzeichnet werden. Wenn also Coca-Cola auf dem eigenen Account Werbung für Coca-Cola macht, dann muss dies nicht extra gekennzeichnet werden. Bei den meisten Content Creators ist aber gerade der kommerzielle Charakter nicht klar erkennbar. Auf dem Kanal wird ja nicht nur Werbung gemacht, sondern meistens auch viel aus dem eigenen Leben gezeigt. Eher beiläufig wird dann immer wieder für ein Produkt geworben. Darin wird gerade auch die Gefahr für Verbraucher gesehen, dass nämlich in dieser Konstellation gar nicht bemerkt wird, wenn es sich letztlich »nur« um (bezahlte) Werbung handelt. Bekomme ich daher als Creator für die Darstellung eines Produktes eine Gegenleistung, muss dies grundsätzlich als Werbung gekennzeichnet werden. Gegenleistung muss dabei nicht immer Geld sein. Auch wenn ich das Produkt kostenlos bekommen habe, ist eine Werbekennzeichnung vorzunehmen. Viele Creator haben inzwischen auch eigene Produkte, die sie verkaufen. Von Energydrinks über Parfüm oder Fitnessprodukte ist alles vertreten. Wenn nun aber nicht erkennbar ist, dass ich als Creator eigentlich für mein eigenes Produkt werbe, weil der Name meines Produktes keinen Rückschluss darauf zulässt, dass es sich um mein Produkt handelt, bin ich gut beraten, dies als Werbung zu kennzeichnen. Weise ich aber auf mein eigenes Buch oder eine Tournee hin, ist der werbliche Charakter klar und ich muss keine Kennzeichnung vornehmen.

Mein Tipp!

Wer nun überlegt, im Zweifel einfach alles als Werbung zu kennzeichnen, der ist damit leider auch nicht gut beraten. Hintergrund der Kennzeichnungspflicht ist der Verbraucherschutz und wenn nun schlicht alles als Werbung gekennzeichnet ist, würde die Werbekennzeichnung natürlich auch ihre Wirkung verlieren. Auch wenn man es oft liest, sollte ich »sicherheitshalber« vorgenommene Werbekennzeichnungen wie »unbezahlte Werbung« oder »Werbung wegen Markennennung« vermeiden. Im Grundsatz kann man sich merken, dass es dann besonders wichtig ist, eine Werbekennzeichnung vorzunehmen, wenn ich eine Gegenleistung für die Produktnennung bekomme.

Impressum und Datenschutz in den sozialen Medien: So geht es richtig!

Worum geht es?

Für die meisten Menschen ist völlig klar, dass ich für eine Internetseite meistens ein Impressum brauche. In Bezug auf die Datenschutzerklärung sind viele schon etwas unsicher. Aber wie sieht es in Bezug auf die sozialen Medien aus? Brauche ich dort eine Datenschutzerklärung und ein Impressum? Wie muss dies ggf. aussehen? Und wo kann ich die Informationen überhaupt hinterlegen?

Wie sieht es rechtlich aus?

Sobald ich in den sozialen Medien geschäftsmäßig unterwegs bin, benötige ich auch dort ein Impressum. Die Hürde zur Geschäftsmäßigkeit ist dabei wirklich sehr niedrig. Es genügt schon, wenn eine Gewinnerzielungsabsicht besteht, was bei vielen Kanälen direkt oder indirekt doch recht schnell erkennbar ist. Ein Impressum ist aber auch dann Pflicht, wenn auf dem Kanal Beiträge veröffentlicht werden, die der öffentlichen Meinungsbildung dienen und als presseähnlich eingestuft werden können. Auch hier wird der Begriff »journalistisch-redaktionelles Angebot« wieder weit ausgelegt. Es dürfte also schon deutlich werden, dass viele Accounts in den sozialen Medien ein Impressum vorweisen müssen. Im Impressum sind dann Name, Sitz, Rechtsform, Vertretungsberechtigung, ggf. Angaben zum Registereintrag, Angaben zur schnellen elektronischen Kontaktaufnahme, ggf. zuständige Aufsichtsbehörde, ggf. Umsatzsteueridentifikationsnummer anzugeben und bei journalistisch-redaktionellen Inhalten auch die Nennung eines Verantwortlichen. Auch dazu, wie das Impressum hinterlegt sein muss, gibt es konkrete gesetzliche Vorgaben. Das Gesetz fordert, dass das Impressum leicht erkennbar, unmittelbar erreichbar und ständig verfügbar ist. Dies bedeutet, dass das Impressum in maximal zwei Klicks erreichbar sein muss. Leider bieten die allermeisten Plattformen gar nicht genügend Platz, alle erforderlichen Angaben zu hinterlegen. Das Problem kann ich aber etwa auf Instagram und TikTok dadurch lösen, dass ich im Profil auf das Impressum meiner Website verlinke. Man sollte diese Vorgaben nicht unterschätzen. Neben Fehler beim Inhalt des Impressums kann auch die falsche Platzierung zu kostenträchtigen Abmahnungen und auch Bußgeldern von bis zu 50.000 Euro führen. Eine Datenschutzerklärung ist nur dann NICHT notwendig, wenn ich als natürliche Person Social Media ausschließlich zu persönlichen Zwecken nutze. Sobald die Nutzung aber darüber hinausgeht, muss über den Umgang mit personenbezogenen Daten informiert werden. Hierzu gehören insbesondere Angaben zum Verantwortlichen, zu den Zwecken der Datenverarbeitung, zur Weitergabe von Daten und Datenübermittlungen in Drittländer, zur Speicherdauer sowie zu den Rechten der Betroffenen. Auch die Datenschutzerklärung muss leicht zugänglich sein, etwa mit einem Link zur vollständigen

Datenschutzerklärung. Auch hier drohen bei Verstößen wieder Abmahnungen und Bußgelder.

Mein Tipp!

Gerade auch, weil ich ohne große Mühe und konkrete Prüfung das Fehlen von Impressum und Datenschutzerklärung prüfen kann, ist die Gefahr einer Abmahnung in diesem Bereich besonders groß. Ich kann jedem, der Zweifel hat, ob ein Impressum oder eine Datenschutzerklärung erforderlich ist, nur dringend anraten, aktiv zu werden, denn die Rechtsprechung nimmt sehr großzügig eine entsprechende Verpflichtung an.

Kostenlos Produkte erhalten: Muss ich das versteuern?

Worum geht es?

Die sozialen Medien sind eine großartige Werbeplattform. Ein Produkt kann darüber bekannt werden und lässt sich dadurch auch gut verkaufen. Nicht nur im Rahmen von bezahlten Kooperationsvereinbarung werden daher Produkte verschickt. Oft gibt es gerade bei kleineren Kanälen das Angebot zu sogenannten Barter-Deals, also gewissermaßen das Angebot, das Produkt gegen Werbung für das Produkt zu tauschen. Manchmal wird auch unaufgefordert ein Produkt nach Hause gesandt, in der Hoffnung, dass hierzu ein Video erstellt und das Produkt empfohlen wird. Eine derartige Praxis kommt gerade bei größeren Creatorn häufig aber gar nicht gut an. Denn es stellt natürlich immer die Frage, ob ich das Produkt versteuern muss.

Wie sieht es rechtlich aus?

Wird ein Produkt kostenlos zur Verfügung gestellt, spricht man von einem sogenannten Sachbezug. Grundsätzlich müssen auch solche Sachbezüge mit dem Warenwert als Betriebseinnahme versteuert werden. Dies ist eben auch häufig der Grund, warum ich mich als Creator nicht unbedingt darüber freue, wenn mir unaufgefordert Ware zugesandt wird, die ich vielleicht gar nicht haben möchte. Nur bei einem Wert unter zehn Euro ist keine Besteuerung vorzunehmen. Dies gilt auch dann, wenn die Überlassung der Ware Teil einer bezahlten Kooperation ist. Um es für den Creator angenehmer zu machen, gibt es auch die Möglichkeit, dass das Unternehmen Geschenke an einen Creator im Wert von bis zu 10.000 Euro pauschal mit 30 Prozent versteuert. Ist dies geschehen, muss keine Versteuerung mehr beim Creator erfolgen.

Mein Tipp!

Gerade wenn es eine vertragliche Basis für die kostenlose Überlassung des Produktes in Form einer Kooperationsvereinbarung gibt, sollte darin unbedingt auch eine Pauschalversteuerung durch den Auftraggeber geregelt werden. Ansonsten ist es sinnvoll, dass sich der Creator selbst oder das Management die Pauschalbesteuerung vom Unternehmen schriftlich bestätigen lässt.

Vorsicht bei diesen Klauseln in Kooperationsverträgen!

Worum geht es?

Die meisten Content Creator erzielen ihren Verdienst über Kooperationsverträge. Natürlich sind die Verhandlungsmöglichkeiten – je nach Vertragspartner – manchmal eingeschränkt, aber ein paar Aspekte sollte ich als Creator oder Management in jedem Fall berücksichtigen. Immer wieder gibt es in Verträgen auch Formulierungen, die die Alarmglocken klingeln lassen sollten. Worauf ist also besonders zu achten?

Wie sieht es rechtlich aus?

Social Media ist international und immer wieder kommt es vor, dass auch ausländische Unternehmen gute Kooperationen anbieten. Soll dann im Vertrag allerdings die Geltung ausländischen Rechts vereinbart werden, kann es sehr schwierig werden, Ansprüche durchzusetzen. Auch die Vereinbarung von Exklusivität ist gefährlich, wenn ich feststellen sollte, dass ich vielleicht wochenlang gar keine anderen Kooperationen mehr machen darf. Unschön kann es auch werden, wenn ich mich verpflichte, den Vertragspartner von Ansprüchen Dritter freizustellen – unabhängig von der Berechtigung der Ansprüche. Dann habe ich plötzlich möglicherweise bei völlig abstrusen Ansprüchen ein Problem. Auch Vertragsstrafen, die unabhängig von einem Schaden geltend gemacht werden können, sind nicht wirklich fair. Mehr als sinnvoll ist es auch, die genauen Leistungen des Creators zu definieren, die im Rahmen des Kooperationsvertrages erbracht werden müssen. Ansonsten besteht die Gefahr, dass ich später darüber diskutieren muss, was denn nun alles für die gezahlte Vergütung zu leisten ist. In manchen Fällen wird auch vereinbart, dass vor Veröffentlichung eine Freigabe durch den Auftraggeber erfolgen muss. Hier sollte ich daran denken, auch zu regeln, dass bei einer grundlosen Verweigerung der Freigabe die Vergütung dennoch gezahlt werden muss. Soweit irgendwie möglich, sollte auch eine Regelung, die vorsieht, dass im Falle einer Kündigung die Vergütung ganz oder teilweise zurückzuzahlen ist, gestrichen werden. Soweit eine Vorhaltedauer vereinbart wird, also ein Zeitfenster, innerhalb dessen der Beitrag veröffentlicht bleiben muss, sollte ich bedenken, dass auch immer eine – nicht immer nachvollziehbare – Löschung durch die Plattform in Betracht kommt. Den entsprechenden Fall sollte ich daher im Rahmen der Vorhaltedauer mitregeln.

Mein Tipp!

Da sich bei den meisten Kooperationsverträgen Verhandlungsspielräume ergeben, sollte ich überlegen, welche Aspekte wirkliche Deal-Breaker sind, und dann auch konsequent von der Kooperation absehen. Dies macht auch einem Management die Arbeit deutlich leichter. In jedem Fall sollte ich mir immer den Vertragspartner genau ansehen. Leider muss man sagen, dass die Zahlungsmoral zum Teil sehr schlecht ist. Spätestens, wenn der Kooperationspartner im Ausland sitzt und/oder völlig unbekannt ist, sollte ich darüber nachdenken, mit einem Vorschuss zu arbeiten.

Follower gekauft oder Reichweite in sonstiger Weise gefakt: Was droht?

Worum geht es?

Wer viele Follower in den sozialen Medien hat, wird für viele Unternehmen als Werbepartner interessant. Auch die Höhe der Vergütung richtet sich oft nach der Anzahl der Follower bzw. nach der Anzahl derer, die sich beispielsweise die Storys des Creators ansehen. In aller Regel sehen sich die Unternehmen die Insights des Creators genau an, bevor ein Kooperationsvertrag geschlossen wird. Wie ist die Lage nun zu beurteilen, wenn sich herausstellt, dass einige Follower oder Views vom Creator gekauft oder gefakt wurden?

Wie sieht es rechtlich aus?

Natürlich mindert jeder unechte Follower oder vorgetäuschte View den Werbewert. Dem Unternehmen entsteht dadurch auch ein Vermögensschaden, da der gewünschte Werbeeffekt gar nicht erzielt werden kann und in Anbetracht der geringeren Follower- oder Viewzahl natürlich zu viel bezahlt wurde. Das Unternehmen wurde also im Vorfeld über wesentliche Tatsachen getäuscht. Ich muss daher leider sagen, dass es sich daher rechtlich oft um einen klassischen (Eingehungs-)Betrug handeln wird. Der Creator weiß schließlich im Moment des Vertragsschlusses, dass er über die Reichweite, die er dem Unternehmen vorgespielt hat, in Wirklichkeit gar nicht verfügt. Er täuscht also vorsätzlich. In den meisten Fällen wird man zusätzlich auch noch annehmen müssen, dass dies in der Absicht geschieht, sich zu bereichern. Je nach Anzahl der gefakten Follower wird das Unternehmen vielleicht keine Strafanzeige stellen. Ein strafrechtlich unvorbelasteter Creator wird auch darauf hoffen können, dass die Sache von der Polizei bzw. Staatsanwaltschaft nicht verfolgt bzw. eingestellt wird. Jedenfalls im Wiederholungsfall wird aber eine strafrechtliche Verfolgung mit ziemlicher Sicherheit erfolgen und es droht eine Freiheitsstrafe von bis zu fünf Jahren oder eine Geldstrafe. Unabhängig von einer strafrechtlichen Verfolgung fordern die Auftraggeber aber in aller Regel die (teilweise) Rückzahlung der Vergütung oder leisten eben gar keine Vergütung. In einigen Fällen wird überdies sogar Schadensersatz geltend gemacht. Problematisch kann für Unternehmen allerdings in vielen Fällen der Nachweis von Fake-Followern sein.

Mein Tipp!

Natürlich ist kein Creator verpflichtet, alle seine Follower und Views auf Echtheit zu überprüfen. Wer aber mit seiner Reichweite Geld verdienen möchte, sollte dabei fair und ehrlich bleiben. Gerade eine Manipulation der Insights lässt sich in der Regel durchaus feststellen. Zudem sollte man bedenken, dass häufig wieder immer die gleichen Firmen mit Creators zusammenarbeiten. Habe ich dort einmal einen schlechten Ruf, wird es in Zukunft schwierig sein, weitere Kooperationen zu bekommen.

Kooperationspartner ist mit Views nicht zu zufrieden: Geld zurück?

Worum geht es?

Natürlich gibt es immer wieder Konstellationen, in denen eine Kooperation nicht so läuft, wie es sich die Beteiligten gewünscht haben. Auch wenn niemand die Anzahl der Follower des Creators anzweifelt oder die Views, die eine Story »normalerweise« erzielt, gibt es manchmal durchaus unschöne Überraschungen. Die Gründe hierfür können unterschiedlich sein und haben manchmal auch eher etwas mit der Plattform selbst als mit dem Creator zu tun. Bleibt aber die Kampagne hinter den Erwartungen zurück, hat dann möglicherweise das Unternehmen einen Anspruch auf (Teil-)Rückzahlung oder Reduzierung der Vergütung?

Wie sieht es rechtlich aus?

In der Regel hat der Auftraggeber in dieser Konstellation eher schlechte Karten. Entscheidend ist aber letztendlich der zugrunde liegende Kooperationsvertrag. In den allermeisten Fällen wird ein solcher Kooperationsvertrag rechtlich als Werkvertrag einzuordnen sein. Der Content Creator schuldet danach in der Regel die Veröffentlichung einer Story oder eines Posts. Wird dies vonseiten des Creators erfüllt, hat er seine vertraglich geschuldete Leistung erbracht und entsprechend auch den Anspruch auf die Vergütung. Wenn der Vertragspartner sodann von der Anzahl der Views oder Klicks enttäuscht ist, ist das natürlich schade, aber die Erwartungen des Kooperationspartners sind in den meisten Fällen eben nicht Vertragsbestandteil geworden. Dieses dürfte auch nachvollziehbar und interessengerecht sein, da auch der Creator in aller Regel kaum vorhersehen kann, wie genau der Erfolg seiner Story oder seines Posts aussehen wird. Zudem wird auch das Unternehmen einräumen müssen, dass die Leistung des Creators unabhängig davon ist, wie viele Klicks oder Aufrufe am Ende erzielt werden. Daher kann der Koalitionspartner auch kein Geld zurückverlangen oder die Vergütung verweigern, wenn die Kampagne hinter den Erwartungen zurückbleibt. Anders sähe es nur dann aus, wenn man explizit im Vertrag festgehalten hätte, dass die Bezahlung von einem bestimmten Erfolg abhängig gemacht wird.

Mein Tipp!

An vielen Stellen zeigt sich, dass vertragliche Vereinbarungen doch wichtiger sind, als man vielleicht meint. Es wäre zwar sehr unüblich, eine Bezahlung vom Erfolg, also einer bestimmten Anzahl von Views oder Klicks, abhängig zu machen, grundsätzlich wäre dies aber durchaus möglich. Immer wieder finde ich in Kooperationsvereinbarungen äußerst ungewöhnliche Konstellationen. Manchmal gibt es dabei auch Verträge, die die Bezahlung zumindest teilweise vom Erfolg abhängig machen möchten. Umso wichtiger ist es also, dass man Kooperationsverträge sehr genau durchsieht. Als Creator sollte ich meine Verträge durchaus manchmal selbst durchsehen, auch wenn ich ein Management habe. Ein guter Vertrag ist in der Regel aus sich heraus verständlich und bei Unklarheiten sollte ich mich als Creator auch auf keinen Fall scheuen, einfach nachzufragen.

Managementverträge: Geheimtipps, die jeder Creator unbedingt kennen sollte!

Worum geht es?

Kaum ein großer Content Creator arbeitet ohne Management. Ab einer bestimmten Größe trudeln auch sehr viele Anfragen ein und es ist absolut sinnvoll, den administrativen Teil einem Management zu überlassen, um sich selbst auf die künstlerische Seite zu konzentrieren. Auch wenn ich als Creator noch nicht zu den Großen zähle, kann ein Management sinnvoll sein, gerade um die eigene Bekanntheit zu steigern. Als Künstler sollte ich aber bei aller Sympathie zum Management nicht vergessen, dass beim Managementvertrag der Manager noch nicht meine Interessen als Creator vertritt, sondern primär die eigenen Interessen. Worauf sollte ich als Creator beim Abschluss eines Managementvertrages also besonders achten?

Wie sieht es rechtlich aus?

Bei einem Managementvertrag ist man in der Gestaltung und in Bezug auf den Inhalt grundsätzlich frei. Nur in wenigen Fällen wird ein Vertrag tatsächlich einmal sittenwidrig sein und ein »Muster«, was immer passt, gibt es leider nicht. Ich sollte also im ersten Schritt genau darauf achten, dass in dem Vertrag die wesentlichen Pflichten von beiden Seiten festgehalten werden. Also, welche Aufgaben soll das Management genau übernehmen? Natürlich muss auch geregelt sein, wie sodann die Vergütung aussehen soll. Ein Manager wird sicherlich meistens versuchen, die besten Konditionen für sich (!) herauszuholen. Immer wieder sehe ich Verträge, in denen das Management versucht, eine feste (monatliche) Vergütung zu vereinbaren. Dies ist aber in der Praxis eher ungewöhnlich. In aller Regel erhält das Management eine anteilige Beteiligung an den Einnahmen. Dieser Anteil liegt oft bei 20 Prozent, kann aber auch bei 30 Prozent und in seltenen Fällen darüber liegen. Im Sinne des Creators sollte geregelt sein, dass der Manager nicht an den Brutto-Einnahmen beteiligt wird, sondern an den Netto-Einnahmen, also am Gewinn. Die Vergütung des Managers sollte auch auf die Einnahmen beschränkt werden, die sich aus der künstlerischen Tätigkeit des Creators ergeben und die auf Tätigkeiten des Managements zurückzuführen sind. In manchen Fällen möchte das Management auch nach Vertragsende noch an den Einnahmen des Creators partizipieren. Auch hier sind verschiedene Vertragsgestaltungen möglich, die in der Regel eine Staffelung der Beteiligung über mehrere Jahre hinweg vorsehen. Als Creator sollte ich aber im Blick haben, dass vermutlich nach der Beendigung eines Managementvertrags ein neues Management die Arbeit übernimmt. Wenn ich also nach Vertragsende noch Zahlungen an das alte Management leisten muss, aber keine Leistung mehr von diesem Management erhalte, besteht die Gefahr, dass ich doppelt zahlen muss und der eigene Anteil am Gewinn immer geringer wird. Für jeden Creator ist wichtig zu wissen, dass man (fast) jeden

Managementvertrag mit sofortiger Wirkung fristlos kündigen kann. Das ist in der Regel selbst dann möglich, wenn sich der Wortlaut des Managementvertrages anders liest.

Mein Tipp!

Einen Managementvertrag sollte ich als Creator nicht vorschnell unterschreiben. Als Künstler sollte ich mir durchaus meiner Stellung bewusst sein und mich nicht unter (zeitlichen) Druck setzen lassen. Viele Managements versprechen vorvertraglich sprichwörtlich das Blaue vom Himmel. Davon sollte ich mich als Künstler ebenfalls nicht beirren lassen und trotzdem den Vertrag nur dann unterzeichnen, wenn ich alle Regelungen durchdacht habe und damit auch wirklich einverstanden bin.

6. Kapitel:

Bei der Arbeit

Rechtssicher vom Vorstellungsgespräch bis zur Kündigung

Vorstellungsgespräch: Wer zahlt eigentlich die Anreise?

Worum geht es?

Für den richtigen Job reist man vielleicht auch weitere Strecken an, um an einem Vorstellungsgespräch teilzunehmen. Natürlich sind damit auch Kosten verbunden. Sofern die Bewerbung erfolgreich war, denken die meisten nicht mehr darüber nach, sich die Fahrtkosten erstatten zu lassen. Anders sieht es aus, wenn die Absage vom Unternehmen kommt. Aber wer hat eigentlich diese Kosten zu tragen, der Arbeitgeber oder der Arbeitnehmer? Und spielt es dabei eine Rolle, ob ich den Job später wirklich bekomme?

Wie sieht es rechtlich aus?

Es mag vielleicht überraschen, aber rechtlich hat eindeutig der Arbeitgeber diese Kosten zu tragen, soweit sie erforderlich waren, um am Vorstellungsgespräch teilzunehmen. Hintergrund ist dabei, dass der Bewerber letztlich ja auch einer Einladung des Arbeitgebers zum Vorstellungsgespräch folgt. Umfasst sind daher von der Erstattungspflicht des Arbeitgebers nicht nur die reinen Fahrtkosten, sondern auch alle sonstigen angemessenen Kosten. Hier kommen regelmäßig insbesondere Hotelkosten in Betracht. Es spielt dabei auch keine Rolle für die Erstattungspflicht, ob ich als Arbeitnehmer später den Job bekomme oder nicht. Aber Achtung, es ist für den Arbeitgeber durchaus möglich, diese Erstattungspflicht zu vermeiden, wenn er rechtzeitig, also schon vor dem Vorstellungsgespräch, ausdrücklich darauf hinweist, dass er nicht die entsprechenden Kosten übernimmt. Denkbar wäre ein ausdrücklicher Hinweis in der Stellenausschreibung, in der Einladung zum Vorstellungsgespräch, aber auch in einer separaten Mitteilung rechtzeitig vor dem Gespräch. Möglich wäre es dabei auch, dass der Arbeitgeber seine Beteiligung an den Fahrtkosten auf eine bestimmte Summe deckelt oder festlegt, dass er beispielsweise nur die Fahrtkosten einer Bahnfahrt zweiter Klasse übernimmt.

Mein Tipp!

Arbeitgeber sollten gut überlegen, inwieweit sie von der rechtlichen Möglichkeit Gebrauch machen, durch einen entsprechenden Hinweis die Übernahme der Fahrtkosten zu vermeiden. Gute Arbeitnehmer zu finden, ist in der heutigen Zeit schwierig. Zudem bieten diverse Portale die Möglichkeit, Arbeitgeber zu bewerten. Gerade bei Arbeitnehmern, die den Job nicht bekommen haben, spricht natürlich wenig dagegen, nachträglich Fahrtkosten geltend zu machen.

Darf ich im Vorstellungsgespräch lügen?

Worum geht es?

Vorstellungsgespräche sind oft nicht wirklich angenehm. Arbeitgeber möchten natürlich viel wissen und als Arbeitnehmer suche ich verständlicherweise oft nach der perfekten Antwort. Von allen möglichen Seiten gibt es Tipps und Tricks, wie diese perfekte Antwort aussehen sollte. Vielleicht entspricht die perfekte Antwort aber nicht unbedingt der Wahrheit. Darf ich also lügen und welche Konsequenzen könnte es möglicherweise haben, wenn meine Lüge auffliegt?

Wie sieht es rechtlich aus?

Tatsächlich hängt die Frage, ob ich lügen darf, meistens direkt damit zusammen, ob der Arbeitgeber überhaupt die entsprechende Frage stellen darf. Wenn der Arbeitgeber nämlich die entsprechende Frage gar nicht stellen durfte, darf ich als potenzieller neuer Mitarbeiter auch lügen. Das arbeitsrechtliche Recht zur Lüge resultiert ganz einfach daraus, dass ich natürlich schlechte Karten hätte, wenn ich auf eine unzulässige Frage einfach gar nichts sagen würde. Spannend ist also, was der Arbeitgeber denn nun fragen darf. Immer wieder hört man, der Arbeitgeber dürfe nichts Persönliches fragen. Das ist in dieser Absolutheit nicht richtig, denn Arbeitgeber müssen sich schließlich ein aussagekräftiges Bild von ihren zukünftigen Mitarbeitern machen können. Natürlich muss sich der Arbeitgeber dabei an gewisse Grenzen halten und das Recht eines potenziellen Mitarbeiters auf Schutz seiner Privat- und Intimsphäre beachten. Eindeutig unzulässig sind Fragen nach einer Schwangerschaft, da hierin eine verbotene Diskriminierung des Geschlechts liegt. Entsprechend darf »Frau« auch wirklich lügen und die entsprechende Frage verneinen, auch wenn sie definitiv um die eigene Schwangerschaft weiß. Schwieriger wird es schon bei der Frage nach einer Schwerbehinderung. Hier ist die Frage dann zulässig, wenn es einen konkreten Bezug zum Arbeitsplatz gibt. Die Frage nach Vorstrafen ist auch zulässig, wenn dies für den Arbeitsplatz erheblich ist. Wenig überraschend dürfte sein, dass Fragen nach Qualifikationen und beruflichen Erfahrungen zulässig sind oder entsprechend hier auch nicht gelogen werden darf. Sollte ich bei einer zulässigen Frage gelogen haben, kann der Arbeitgeber den Arbeitsvertrag wegen arglistiger Täuschung anfechten. Auch eine Kündigung ist grundsätzlich möglich und schließlich können sogar Schadensersatzansprüche im Raum stehen.

Mein Tipp!

Kaum ein Vertragsverhältnis ist so sensibel wie das Arbeitsverhältnis. Sowohl Arbeitgeber wie auch Arbeitnehmer sollten sich dies immer wieder bewusst machen. Wer feststellt, dass im Vorstellungsgespräch Fragen gestellt werden, die offensichtlich über das zulässige Maß hinausgehen, der sollte vielleicht nicht nur überlegen, ob er die Frage wirklich wahrheitsgemäß beantworten möchte, sondern ob er überhaupt in diesem Arbeitsverhältnis tätig werden möchte. Denn auch wenn dies oft übersehen wird, stellt sich nicht nur der Arbeitnehmer dem Arbeitgeber im Vorstellungsgespräch vor, sondern auch andersrum.

Vorsicht bei Versprechungen in der Stellenausschreibung!

Worum geht es?

Immer mehr Arbeitnehmer sind mit ihrem Job unzufrieden und möchten sich verändern. Da kommt ein neues, attraktives Jobangebot absolut gelegen. Viele Stellenausschreibungen sind dabei schon recht präzise. Nicht nur die zu besetzende Position wird oft sehr ausführlich beschrieben, sondern auch der mögliche Verdienst wird schon detailliert dargestellt. Oft werden sogar Urlaubsgeld und Weihnachtsgeld konkret genannt. In Zeiten, in denen viele Unternehmen um Mitarbeiter buhlen, ist es nicht ungewöhnlich, wenn hohe Sonderleistungen und Bonuszahlungen in Aussicht gestellt werden. Wenn dann auch noch das Vorstellungsgespräch gut läuft und direkt der Arbeitsvertrag übersandt wird, sind viele total begeistert. Doch was ist, wenn an Weihnachten das Weihnachtsgeld plötzlich doch nicht kommt und ich bei einem Blick in den Arbeitsvertrag feststelle, dass sich die Versprechungen zur Zahlung von Weihnachtsgeld aus der Stellenausschreibung so gar nicht im Arbeitsvertrag wiederfinden?

Wie sieht es rechtlich aus?

Leider habe ich als Arbeitnehmer dann schlechte Karten. Grundsätzlich gilt nämlich das, was im Arbeitsvertrag vereinbart wurde. Die Stellenausschreibung selbst ist kein Angebot, das ich einfach annehmen kann, sodass der Vertrag dann entsprechend genauso zustande kommt. Natürlich wirft es kein gutes Licht auf den Arbeitgeber, wenn der angebotene Arbeitsvertrag anders aussieht, aber rechtlich bindend ist eine Stellenausschreibung eben gerade nicht. Manchmal kann die Abweichung auch gute Gründe haben. Wenn der Bewerber vielleicht nicht alle gewünschten

Voraussetzungen mitbringt, kann es eben auch schon geboten sein, dass der Arbeitgeber nicht alle Leistungen bietet.

Mein Tipp!

Auf jeden Fall sollte ich den Arbeitsvertrag, den man mir anbietet, genau durchlesen. Es ist auch durchaus sinnvoll, den Inhalt des Arbeitsvertrages mit der Stellenausschreibung zu vergleichen. Potenzielle Abweichungen sollte ich ruhig gegenüber dem potenziellen neuen Arbeitgeber ansprechen. Solange ich den Vertrag noch nicht unterschrieben habe, ist noch Zeit zum Verhandeln.

Mein Gehalt kommt zu spät: Was kann ich tun?

Worum geht es?

Leider ist es keine Seltenheit, dass Arbeitnehmer ihr Gehalt nicht rechtzeitig bekommen. In den allermeisten Fällen passiert dies auch nicht nur einmalig, sondern immer wieder ist der Arbeitgeber mit der Zahlung verspätet. Für den Arbeitnehmer, der selbstverständlich dennoch pünktlich seinen monatlichen Verpflichtungen, wie zum Beispiel Miete, nachkommen muss, ist dies natürlich sehr unangenehm. Aber was kann ich rechtlich machen?

Wie sieht es rechtlich aus?

Eigentlich würde es für den Arbeitnehmer rechtlich gar nicht schlecht aussehen. In den allermeisten Arbeitsverträgen ist bestimmt, wann der Arbeitgeber das Gehalt leisten muss. Da für die Leistung des Arbeitgebers also eine Zeit nach dem Kalender bestimmt ist, tritt automatisch der sogenannte Verzug ein und ein Mahnschreiben ist nicht erforderlich. Das Gesetz bestimmt, dass sodann grundsätzlich auch der Verzugsschaden zu ersetzen ist sowie Verzugszinsen von fünf Prozentpunkten über dem Basiszinssatz ausgehend vom Bruttolohn. Um es demjenigen zu erleichtern, der auf sein Geld wartet, sieht das Gesetz zudem eigentlich einen Anspruch auf 40 Euro Verzugskostenpauschale vor. So weit, so gut. Auch wenn das Arbeitsrecht grundsätzlich sehr arbeitnehmerfreundlich ist, hat hier nun aber leider das Bundesarbeitsgericht entschieden, dass Arbeitnehmer keinen Anspruch auf die 40-Euro-Pauschale haben, wenn der Arbeitgeber mit Gehaltszahlungen in Verzug ist. Arbeitnehmer müssen demnach einen konkreten Verzugsschaden darlegen bzw. die Zinsen genau berechnen. In den allermeisten Fällen lässt sich leider ein Verzugsschaden kaum nachweisen und auch die Berechnung sowie die Geltendmachung von Zinsen lohnt sich kaum, da der Arbeitgeber regelmäßig nur wenige Tage verspätet zahlt und die Summe der Zinsen daher in der Regel deutlich unter zehn Euro bleibt. Ein rechtliches Vorgehen ist hier folglich kaum sinnvoll.

Mein Tipp!

Arbeitnehmern kann ich nur raten, ein Gespräch mit dem Arbeitgeber zu suchen. Gerade in der aktuellen Situation sind Arbeitnehmer sehr begehrt und ich sollte dem Arbeitgeber konkret vor Augen führen, dass ein solches Verhalten nicht akzeptabel ist. Entweder fehlt es an einer Wertschätzung des Arbeitnehmers oder der Arbeitgeber ist möglicherweise in finanziellen Schwierigkeiten. Beide Varianten machen es durchaus nachvollziehbar, wenn man sich als Arbeitnehmer nach einer neuen Beschäftigung umsieht.

So nutze ich als Arbeitnehmer die Arbeitszeiterfassung für mich!

Worum geht es?

In den letzten Jahren gab es im Arbeitsrecht und auch in der Arbeitswelt einige Veränderungen. Homeoffice hat sich deutlich stärker durchgesetzt. Ganz bewusst haben viele Unternehmen die Entscheidung getroffen, nicht mehr mit einer Art von moderner Stechuhr zu arbeiten, sondern eher auf Vertrauensarbeitszeit zu setzen. Nun gab es aber sowohl auf europäischer wie auch auf deutscher Ebene einige höchstrichterliche Entscheidungen dazu, dass die Arbeitszeit zu erfassen ist. Was bedeutet dies nun für Arbeitnehmer?

Wie sieht es rechtlich aus?

Eigentlich ist es wirklich überraschend, dass es in Deutschland noch immer keine gesetzliche Regelung zur Arbeitszeiterfassung gibt. Bereits im Jahr 2019 hatte der Europäische Gerichtshof entschieden, dass eine solche Pflicht besteht, aber die Mitgliedstaaten Spielräume in Bezug auf die konkreten Modalitäten zur Umsetzung eines Zeiterfassungssystems hätten. Hintergrund dieser Entscheidung war keinesfalls, dass man hier den Arbeitnehmern schaden wollte. Genau das Gegenteil ist der Fall. Arbeitnehmer sollen vor zu viel Arbeit und Überstunden geschützt werden. Um dies zu gewährleisten, soll eine Arbeitszeiterfassung quasi als Kontrolle eingerichtet werden. Entsprechend steht fest, dass es ein System zur Arbeitszeiterfassung geben muss, obwohl es eigentlich kein deutsches Gesetz gibt, dem man dies unmittelbar entnehmen kann. Ausgehend von der europäischen Rechtsprechung legte aber inzwischen das Bundesarbeitsgericht die deutschen Gesetze aus und liest aus dem Arbeitsschutzgesetz die Pflicht des Arbeitgebers heraus, ein System zur Arbeitszeiterfassung einzuführen. Dazu allerdings, wie diese Arbeitszeiterfassung umgesetzt werden muss, wurde nichts gesagt. Solange es keine gesetzliche Regelung gibt, sind daher viele Möglichkeiten gegeben. Von der App bis zur Excel-Tabelle ist grundsätzlich alles denkbar.

Mein Tipp!

Arbeitnehmer sollten sich nicht über die Rechtsprechung zur Arbeitszeiterfassung ärgern, denn es geht dabei tatsächlich um den Schutz der Arbeitnehmer. Wer als Arbeitnehmer schon einmal versucht hat, eine Überstundenvergütung gerichtlich durchzusetzen, der weiß, dass dies äußerst schwierig ist. Es wird zwar weiterhin bei dieser Darlegungs- und Beweislast für die Arbeitnehmer im Hinblick auf eine Überstundenvergütung bleiben. Dennoch könnte die Arbeitszeiterfassung in diesem Bereich durchaus eine Erleichterung aus Arbeitnehmersicht mit sich bringen.

Wann habe ich einen Anspruch auf einen Überstundenzuschlag?

Worum geht es?

In den meisten Unternehmen ist es nicht die Regel, dass viele Überstunden anfallen. In anderen Unternehmen hingegen fragen sich die Arbeitnehmer manchmal, wie die Arbeit ohne Überstunden überhaupt geschafft werden soll. In jedem Fall ist es für Arbeitnehmer natürlich nicht uninteressant, welche Vergütung im Fall von Überstunden vom Arbeitgeber zu zahlen ist. Regelmäßig hört man von einem Überstundenzuschlag, aber gibt es diesen wirklich immer?

Wie sieht es rechtlich aus?

Viele wird es überraschen, aber das Gesetz sieht erst einmal keinen Überstundenzuschlag vor. Der Anspruch auf einen solchen Zuschlag kann sich daher nur dann ergeben, wenn dieser Zuschlag explizit mit dem Arbeitgeber für den Fall von Überstunden vereinbart wurde. Eine solche Vereinbarung kann sich natürlich im Arbeitsvertrag finden, häufig aber auch in einem Tarifvertrag oder einer Betriebsvereinbarung. Ergibt sich aber weder auf einer individuellen Absprache mit dem Arbeitgeber noch aus einem Tarifvertrag oder Ähnlichem ein Anspruch, dann wird auch kein Überstundenzuschlag geltend gemacht werden können. Für leitende Angestellte und Führungskräfte wird es darüber hinaus grundsätzlich schwierig sein, überhaupt Geld für Überstunden zu bekommen. Hier findet sich häufig im Vertrag die Regelung, dass mit dem Gehalt alle Überstunden abgegolten sind. Tatsächlich gibt es allerdings in diesem Bereich auch viele Klauseln, die die Mitarbeiter erheblich benachteiligen würden und daher unwirksam sind. Einige Klauseln sind auch zu unbestimmt, sodass der Arbeitgeber sich ebenfalls nicht auf sie berufen kann. Selbst wenn man aber zu deren Unwirksamkeit kommen würde, ergibt sich für leitende Angestellte eben maximal überhaupt eine Vergütung für geleistete Überstunden, aber eben immer noch kein Zuschlag.

Mein Tipp!

Im Arbeitsrecht gilt die goldene Regel: Schweigen ist Silber und Reden ist Gold. Wenn der Arbeitgeber also gerne möchte, dass Überstunden abgeleistet werden, wäre der Arbeitnehmer dazu grundsätzlich nicht verpflichtet. Natürlich kann aber der Arbeitnehmer durch einen entsprechenden Zuschlag vielleicht motiviert werden, doch Überstunden zu leisten.

Darf ich mit meinen Kollegen über die Höhe meines Gehaltes reden?

Worum geht es?

In Deutschland spricht man oft ungern über Geld. Auch in einigen Arbeitsverträgen findet man Regelungen, die es explizit verbieten möchten, dass Kollegen untereinander über das Gehalt reden. Natürlich kann es aber durchaus interessant sein zu wissen, ob der Kollege zwar die gleiche Arbeit ableistet wie ich selbst, aber mehr verdient. Erfahre ich so vielleicht sogar, dass der Arbeitgeber gegen den Grundsatz »Gleiches Geld für gleiche Arbeit« verstößt und dem männlichen Kollegen aufgrund seines Geschlechts mehr Geld zahlt, können sich daraus möglicherweise sogar Ansprüche ergeben. Aber darf ich denn – vielleicht sogar trotz eines expliziten Verbotes im Arbeitsvertrag – über mein Gehalt reden?

Wie sieht es rechtlich aus?

In den allermeisten Fällen werden Arbeitnehmer über ihr Gehalt sprechen dürfen, denn anderslautende Klauseln im Arbeitsvertrag werden in vielen Fällen unwirksam sein. Oft wird es sich nämlich um pauschale vertragliche Verbote handeln, die unzulässig sind. So wurde bereits arbeitsgerichtlich entschieden, dass Informationen über das Gehalt keine Geschäftsgeheimnisse sind. Es wurde dabei konkret ausgeführt, dass Arbeitnehmer die Möglichkeit haben müssten, sich frei über ihr Gehalt mit Kollegen auszutauschen. Dabei wurde sogar konkret darauf Bezug genommen, dass ansonsten Arbeitnehmer kaum die Möglichkeit hätten, zu überprüfen, ob der Arbeitgeber seine Angestellten in vergleichbaren Stellen auch gleich behandeln würde. Einen Einblick in Gehaltsstrukturen würde man ansonsten nach dem Gesetz tatsächlich nur in Betrieben mit in der Regel mehr als 200 Mitarbeitern bekommen können. Nur hier ergibt sich nämlich die Möglichkeit, den Arbeitgeber um entsprechende Informationen zu ersuchen. Im Grundsatz werde ich daher über mein Gehalt reden dürfen. Aber natürlich kann es durchaus Fälle geben, in denen Arbeitgeber ein berechtigtes Interesse daran haben, dass ihre Arbeitnehmer nicht über ihr Gehalt reden. In solchen Ausnahmefällen kann das Verbot wirksam sein. Ein Beispiel für ein berechtigtes Interesse an der Verschwiegenheit wäre, wenn die Erwerbsfähigkeit des Unternehmens ansonsten gefährdet würde, weil eben das Gehalt einen ganz wesentlichen Wettbewerbsfaktor für den Arbeitgeber darstellt. In diesen Fällen können eben auch Gehaltsinformationen von der allgemeinen Geheimhaltungspflicht betroffen sein.

Mein Tipp!

Sich über das Gehalt der Kollegen zu informieren, ist grundsätzlich keine schlechte Idee. Gerade Frauen werden vielleicht feststellen, dass männliche Kollegen manchmal deutlich besser bezahlt werden. Ich muss nicht direkt meinen Arbeitgeber verklagen, aber sollte in einer solchen Konstellation vielleicht doch nochmals in Gehaltsverhandlungen eintreten. Gute Argumente habe ich jedenfalls.

Darf der Arbeitgeber mir Raucherpausen verbieten?

Worum geht es?

Jeder kennt sie: Die Rauchergrüppchen, die regelmäßig zusammenstehen und eine Zigarette rauchen. Wer raucht, der weiß, dass es für einen echten Raucher kaum möglich ist, einen ganzen Arbeitstag ohne Zigarette zu überstehen. Auf der anderen Seite muss man sagen, dass während des Rauchens meistens nicht gearbeitet wird. Wie sieht es also rechtlich aus? Gibt es ein Recht auf eine Zigarettenpause?

Wie sieht es rechtlich aus?

Arbeitsrechtlich ist die Situation tatsächlich eindeutiger, als man meinen könnte. In der Arbeitszeit muss nämlich schlicht gearbeitet werden. Natürlich gibt es auch gesetzlich vorgeschriebene Pausenzeiten. So schreibt das Gesetz Ruhepausen von mindestens 30 Minuten bei einer Arbeitszeit von mehr als sechs bis zu neun Stunden und 45 Minuten bei einer Arbeitszeit von mehr als neun Stunden vor. Diese Pausenzeiten können Arbeitnehmer gestalten, wie sie möchten. Hier wäre es also auch kein Problem, zu rauchen, statt wie andere vielleicht in die Kantine zu gehen. Über diese gesetzlich vorgeschriebenen Ruhepausen hinaus besteht aber grundsätzlich die Pflicht, zu arbeiten. Natürlich kann der Arbeitgeber freiwillig Raucherpausen erlauben. Eine Verpflichtung dazu besteht aber nicht. Auch ein Recht auf Raucherpausen gibt es daher nicht. Wie der Name »Pause« schon sagt, ist dies eben keine Arbeitszeit. Wer also weiß, dass Raucherpausen nicht gestattet sind, und trotzdem heimlich Raucherpausen macht, muss damit rechnen, dass dies sogar als Arbeitszeitbetrug gewertet wird und eine außerordentliche, fristlose Kündigung droht.

Mein Tipp!

Heimlichkeiten im Arbeitsverhältnis sind nie gut. Wer zwingend Raucherpausen braucht, der sollte unbedingt das Gespräch mit dem Arbeitgeber suchen. Natürlich lässt sich immer im gegenseitigen Einvernehmen eine Lösung finden. Denkbar sind viele Konstellationen. Solange Arbeitgeber und Arbeitnehmer sich einig sind, droht auch keine Kündigung.

Wann verfällt mein Urlaub?

Worum geht es?

Als Arbeitnehmer merken sich viele, dass man den Jahresurlaub spätestens bis zum 31. März des Folgejahres genommen haben muss. Tatsächlich ist das Bundesurlaubsgesetz sogar häufig noch etwas strenger und geht eigentlich davon aus, dass der Urlaub im Grundsatz sogar bis zum Schluss des Kalenderjahres genommen werden muss. Nun gab es aber eine für viele überraschende gerichtliche Entscheidung auf europäischer Ebene, die die Lage ganz anders beurteilt. Was bedeutet dies aber nun für mich als Arbeitnehmer in Deutschland? Verfällt mein Jahresurlaub doch nicht einfach so, wenn ich den Urlaub nicht genommen habe?

Wie sieht es rechtlich aus?

Eigentlich ist das Bundesurlaubsgesetz ziemlich eindeutig: Wer Urlaub nicht im laufenden Jahr beantragt, verliert den Urlaub zum 31.12. Eine Übertragung bis zum 31.03. ist nach dem Gesetz überhaupt nur dann möglich, wenn dringende betriebliche oder in der Person des Arbeitnehmers liegende Gründe dies rechtfertigten. Der Europäische Gerichtshof entschied nun aber im Jahr 2022, dass der Arbeitgeber dem Arbeitnehmer rechtzeitig – am besten schriftlich – mitteilen muss, wie viel Resturlaub im Kalenderjahr noch besteht. Weiterhin muss er den Arbeitnehmer auffordern, ebendiesen Resturlaub zeitnah zu nehmen, und klar und rechtzeitig mitteilen, dass der Urlaub mit Ablauf des Kalenderjahres verfällt, wenn der Arbeitnehmer ihn nicht beantragt. Der Arbeitgeber hat hier also einen expliziten Hinweis an den Arbeitnehmer zu erteilen und eben auch auf die negativen Konsequenzen für den Arbeitnehmer hinzuweisen. Geschieht all dies nicht, kann ich als Arbeitnehmer auch Jahre zurückliegende Urlaubsansprüche noch geltend machen. Dies erhöht für Arbeitnehmer, die tatsächlich in den letzten Jahren ihren Urlaubsanspruch nicht vorgenommen haben, die Möglichkeit, diese nicht genommenen Urlaubstage noch immer geltend zu machen. Nur dann, wenn der Arbeitgeber den Arbeitnehmer tatsächlich rechtzeitig aufgefordert hatte, den Urlaub zu nehmen und dem Arbeitnehmer dabei die Konsequenz vor Augen geführt hat, dass der Urlaub ansonsten verfällt, wird der Urlaubsanspruch nicht mehr geltend gemacht werden können. Dass ein solcher Hinweis erfolgt ist, wird auch der Arbeitgeber nachweisen müssen. Da diese Rechtsprechung relativ neu ist und in den deutschen Gesetzen hierzu überhaupt nichts zu finden ist, wird dies nur in den seltensten Fällen erfolgt sein und viele Arbeitnehmer werden noch Urlaubsansprüche gelten machen können.

Mein Tipp!

Die neue Rechtsprechung ist tatsächlich eine tolle Möglichkeit, nicht genommene Urlaubstage nachträglich noch geltend zu machen. Allerdings führt dies nicht dazu, dass ich mir nach Ende des Arbeitsverhältnisses die nicht genommenen Urlaubstage auch noch Jahre später auszahlen lassen kann. Als Arbeitnehmer sollte ich daher rechtzeitig den Urlaub in natura einfordern.

Krank im Urlaub: So kann ich Urlaubstage retten!

Worum geht es?

Viele werden es kennen. Kaum ist man im Urlaub, fühlt man sich plötzlich schlecht. Egal ob heftige Erkältung oder Magen-Darm-Erkrankung. Statt der erhofften entspannten Urlaubszeit verbringe auch ich gerade die ersten Urlaubstage gerne einmal krank im Bett. Aber wie sieht dies eigentlich rechtlich aus? Eigentlich kann ich ja nicht meinen Urlaub genießen, sondern bin krank. Verfallen daher trotzdem meine Urlaubstage oder kann ich mich krankmelden und meine Urlaubstage retten?

Wie sieht es rechtlich aus?

Auch das Gesetz sieht, dass derjenige, der krank ist, natürlich nicht seinen Urlaub genießen kann. Erholung und Krankheit schließen sich also auch nach dem Gesetz aus. Das Gesetz erkennt also genau diese Konstellation und regelt explizit, dass die Tage der Erkrankung nicht auf den Jahresurlaub angerechnet werden, wenn sie durch ein ärztliches Zeugnis nachgewiesenen sind. Wer also im Urlaub krank wird, der muss nicht seine Urlaubstage für die Krankheit bzw. Genesung opfern. Um hier die Urlaubstage zu retten, muss allerdings unbedingt direkt ab dem ersten Tag durch ein ärztliches Attest die Arbeitsunfähigkeit nachgewiesen werden. Natürlich sollte ich auch den Chef unverzüglich über die Erkrankung und die voraussichtliche Dauer informieren, wie ich dies eben auch ansonsten bei einer Erkrankung außerhalb eines Urlaubs tun würde.

Mein Tipp!

Für alle, die ihren Urlaub zu Hause verbringen, wird es meistens kein Problem sein, den Hausarzt aufzusuchen und ein entsprechendes Attest zu bekommen. Nicht immer werde ich aber zu Hause Urlaub machen. Oft verbringen wir den Urlaub auch im Ausland. Die gesetzliche Regelung gilt aber auch, wenn man im Ausland im Urlaub ist. Wer also im Urlaub krank wird und Urlaubstage sparen möchte, sollte also auch im Ausland unbedingt einen Arzt aufsuchen und sich eine ärztliche Bescheinigung über die Arbeitsunfähigkeit ausstellen lassen oder die Möglichkeit der telefonischen Krankschreibung nutzen.

Habe ich als Minijobber einen Urlaubsanspruch?

Worum geht es?

Minijobber haben es oft nicht leicht. Viele Rechte, die nach dem Gesetz selbstverständlich auch Minijobbern zustehen würden, werden ihnen vom Arbeitgeber unrechtmäßigerweise abgesprochen. Aber wie sieht es nun mit Urlaubsansprüchen aus? Gibt es eigentlich überhaupt einen Urlaubsanspruch für Minijobber?

Wie sieht es rechtlich aus?

Selbstverständlich haben auch Minijobber einen Urlaubsanspruch. Letztendlich muss man sagen, dass für Minijobber eigentlich nichts anderes gilt als für andere Arbeitnehmer. Auch alle anderen arbeitsrechtlichen Regelungen gelten grundsätzlich auch für Minijobber. Natürlich haben Minijobber entsprechend auch einen Anspruch auf Entgeltfortzahlung im Krankheitsfall, und zwar genauso wie in einem anderen Arbeitsverhältnis auch für die Zeit von sechs Wochen. Ebenso haben Minijobber auch einen Anspruch auf Urlaub. Das Gesetz regelt dabei nicht nur, dass es diesen Anspruch gibt, sondern im Gesetz ist auch die Anzahl der gesetzlichen Mindesturlaubstage geregelt. Wurde also von den Parteien nichts in Bezug auf den Urlaub geregelt, greift die gesetzliche Regelung, nach der ein Urlaubsanspruch von vier Wochen unter Fortzahlung der Vergütung besteht. Bei einer 6-Tage-Woche besteht also nach dem Gesetz ein Anspruch auf 24 Werktage Urlaub. Natürlich können auch auf einen Minijob Tarifverträge anwendbar sein, die regeln, dass deutlich mehr als der gesetzliche Mindesturlaub zu gewähren ist. Auch der Arbeitgeber darf immer mehr Urlaubstage anbieten, aber unter diesem gesetzlichen Minimum darf die Vereinbarung nicht liegen. Allerdings muss man berücksichtigen, dass viele Minijobber nicht unbedingt fünf Tage oder sechs Tage in der Woche in ihrem Minijob arbeiten. Entsprechend sind die Urlaubstage natürlich auch anteilig zu reduzieren. Arbeitet also ein Minijobber nur zwei Tage in der Woche, dann reduziert sich der Urlaubsanspruch auf acht Tage im Jahr. Ausgehend von einer 2-Tage-Woche würde der Mitarbeiter so aber ebenfalls auf vier Wochen Urlaub im Jahr kommen.

Mein Tipp!

Minijobber sollten sich bewusst machen, dass sie nicht schlechter gestellt sein dürfen als andere Arbeitnehmer auch. Sollte daher der Arbeitgeber versuchen, eine Entgeltfortzahlung im Krankheitsfall oder auch einen Urlaubsanspruch abzulehnen, sollte ich mir dies keinesfalls gefallen lassen, sondern unbedingt das Gespräch mit dem Arbeitgeber suchen und diesen auch auf seinen Irrtum hinweisen.

Kann ich während oder wegen einer Erkrankung gekündigt werden?

Worum geht es?

Arbeitsrecht ist Arbeitnehmerrecht. Dieser Grundsatz ist allgemein bekannt. In vielen besonderen Situationen wird der Arbeitnehmer daher auch über das übliche Maß hinaus noch einmal besonders geschützt. So ist allgemein bekannt, dass eine Kündigung während einer Schwangerschaft nicht zulässig ist. Aber wie sieht es rechtlich aus, wenn ich krank bin? Kann ich in einer solchen Konstellation trotzdem gekündigt werden oder ist es sogar möglich, mich wegen einer Erkrankung zu kündigen?

Wie sieht es rechtlich aus?

Auch wenn es für viele überraschend klingt, ist es für den Arbeitgeber grundsätzlich möglich, während einer bestehenden Krankheit eine Kündigung eines Arbeitnehmers auszusprechen. Ein gesetzliches Kündigungsverbot während einer Krankheit gibt es nicht. Natürlich besteht sodann immer noch die Frage, ob die ausgesprochene Kündigung tatsächlich wirksam ist. War der Arbeitnehmer innerhalb eines Jahres länger als sechs Wochen krank oder wiederholt arbeitsunfähig, müssen Arbeitgeber aber ein sogenanntes betriebliches Eingliederungsmanagement anbieten und ggf. durchführen. Ist dies nicht geschehen, wird es für den Arbeitgeber häufig schwierig werden, eine wirksame Kündigung aufgrund der Erkrankung auszusprechen. Dies gilt jedenfalls dann, wenn das Kündigungsschutzgesetz Anwendung findet, also mehr als zehn Mitarbeiter im Unternehmen arbeiten und der Arbeitnehmer länger als sechs Monate im Betrieb beschäftigt ist. Damit eine Kündigung wegen Krankheit wirksam ist, muss eine sogenannte negative Gesundheitsprognose vorliegen, nach der der Arbeitnehmer zukünftig seiner Arbeit gar nicht mehr nachgehen kann oder zumindest in erheblichem Umfang infolge der Krankheit fehlen wird. Diese Fehlzeiten müssen zu einer Beeinträchtigung der betrieblichen und wirtschaftlichen Interessen des Arbeitgebers führen. Und schließlich muss auch noch eine Interessenabwägung zwischen den Interessen des Arbeitgebers und des Arbeitnehmers erfolgt sein, die zugunsten des Arbeitgebers ausgeht. Dabei sind die Dauer des Arbeitsverhältnisses, die Krankheitsursache, die Fehlzeiten etc. zu berücksichtigen. Natürlich ist immer auch zu berücksichtigen, ob es nicht vielleicht ein milderes Mittel als die Kündigung gegeben hätte. Eine wirksame Kündigung aufgrund einer Erkrankung auszusprechen, ist für den Arbeitgeber also nicht einfach, wenn das Kündigungsschutzgesetz auf das Arbeitsverhältnis anwendbar ist.

Mein Tipp!

Das betriebliche Eingliederungsmanagement ist keine formale Voraussetzung für eine Kündigung. Dennoch wird eine Kündigung oft kaum haltbar sein, weil mildere Mittel als die Kündigung im Rahmen des betrieblichen Eingliederungsmanagements hätten identifiziert werden können. Lehne ich als Arbeitnehmer die Teilnahme am betrieblichen Eingliederungsmanagement ab, spricht dies dagegen, dass mildere Mittel zur Kündigung vorliegen. Arbeitnehmern ist daher dringend anzuraten, am betrieblichen Eingliederungsmanagement teilzunehmen.

Kündigung: Habe ich immer Anspruch auf eine Abfindung, wenn mir gekündigt wird?

Worum geht es?

Wenn über eine arbeitgeberseitige Kündigung gesprochen wird, fällt auch schnell das Wort »Abfindung«. Auch die Frage, ob ich nicht direkt auf eine Abfindung klagen kann, ist damit häufig verbunden. Gibt es aber wirklich immer einen Anspruch auf Abfindung, wenn ich gekündigt werde?

Wie sieht es rechtlich aus?

Es ist ein weitverbreiteter Irrtum, dass bei einer Kündigung immer ein Anspruch auf Abfindung besteht oder dass ich direkt auf Zahlung einer Abfindung klagen könnte. Wenn eine arbeitgeberseitige Kündigung ausgesprochen wird, dann klagt man in aller Regel darauf, feststellen zu lassen, dass diese Kündigung unwirksam ist. Praktisch einigen sich im Rahmen eines solchen Verfahrens die Parteien häufig einvernehmlich auf eine Abfindung. Gegen Zahlung dieser Abfindung verfolgt der Arbeitnehmer also nicht weiter sein Ziel, dass festgestellt wird, dass die Kündigung unwirksam war und er daher – nach wie vor – im Unternehmen beschäftigt ist, sondern gegen Zahlung der Abfindung endet das Arbeitsverhältnis. Als Faustregel kann man sich dabei merken, dass meistens dann eine besonders hohe Abfindung vonseiten des Arbeitgebers gezahlt wird, wenn es besonders schwierig ist, den Arbeitnehmer wirksam zu kündigen. Je schlechter also für den Arbeitgeber im eigentlichen Kündigungsschutzprozess die Chancen stehen, desto höher wird meistens die Abfindung sein. Als Faustformel geht man oft von einer sogenannten Regelabfindung aus. Dies beträgt ein halbes Brutto-Monatsgehalt pro Beschäftigungsjahr, wenn das Kündigungsschutzgesetz Anwendung findet. Allerdings setzt dies voraus, dass der Arbeitnehmer mindestens sechs Monate im Betrieb beschäftigt war und das Unternehmen mehr als zehn Mitarbeiter hat. Ist das Kündigungsschutzgesetz nicht anwendbar, ist eine Abfindung meistens gar kein Thema, da es für den Arbeitnehmer in einer solchen Konstellation eben gerade keinen allgemeinen Kündigungsschutz gibt. In einer solchen Situation ist es für den Arbeitgeber also recht einfach, eine wirksame Kündigung auszusprechen. Es fehlt daher regelmäßig die Motivation für den Arbeitgeber, überhaupt eine Abfindung anzubieten. Sollte ich mich als Arbeitnehmer nicht einvernehmlich mit meinem Arbeitgeber auf eine Abfindung – und damit auf die Beendigung des Kündigungsschutzprozesses – einigen können, wird am Ende das Gericht entscheiden, ob die Kündigung unwirksam ist. Wenn allerdings dem Arbeitgeber oder dem Arbeitnehmer die Fortsetzung des Arbeitsverhältnisses nicht zugemutet werden kann, kann ein sogenannter Auflösungsantrag gestellt werden, sodass das Gericht das Arbeitsverhältnis auflöst und den Arbeitgeber zur Zahlung einer Abfindung verurteilt. Diese Vorgehensweise ist aber wirklich eine absolute Ausnahme, weil nur in den seltensten Fällen wirklich angenommen wird, dass die Fortsetzung des Arbeitsverhältnisses unzumutbar ist.

Mein Tipp!

Eine Abfindung ist kein einklagbarer Anspruch, aber in vielen Fällen ist es durchaus möglich, sich mit dem Arbeitgeber entsprechend zu einigen. Wichtig für die Verhandlung einer Abfindung ist, dass ich die eigene Position richtig einschätze und mit realistischen Vorstellungen in ein Gespräch mit dem Arbeitgeber gehe. Gerade weil Arbeitsrecht sehr arbeitnehmerfreundlich ist, wird man in den allermeisten Fällen zu einer zufriedenstellenden Einigung kommen.

Die gefährlichste Regelung im Arbeitsvertrag: Die Ausschlussklausel!

Worum geht es?

Nicht immer haben Arbeitnehmer genau im Blick, ob alle Leistungen, die der Arbeitgeber erbringen muss, auch tatsächlich erbracht wurden. Manchmal bemerke ich als Arbeitnehmer vielleicht erst nach ein paar Wochen oder sogar Monaten, dass ein Zuschlag oder eine Gratifikation, die vertraglich zugesagt worden war, gar nicht gezahlt wurde. Auch werden im laufenden Arbeitsverhältnis durchaus manche Ansprüche gar nicht geltend gemacht. Wurde das Arbeitsverhältnis dann aber von der einen oder anderen Seite gekündigt, erwägt der Arbeitnehmer vielleicht doch noch, bestimmte Ansprüche geltend zu machen. Aber ist es immer möglich, auch noch Wochen oder Monate später Ansprüche geltend zu machen?

Wie sieht es rechtlich aus?

Grundsätzlich gilt im Arbeitsrecht die dreijährige Verjährungsfrist. Nach Ablauf dieser Frist werde ich meine Ansprüche kaum noch erfolgreich geltend machen können. Die kenntnisabhängige Verjährungsfrist beginnt dabei jeweils mit dem Schluss des Jahres, in dem der Anspruch entstanden ist. Wer also Ansprüche aus dem Jahre 2025 geltend machen möchte, hat danach bis zum Jahresende 2028 Zeit, aktiv zu werden. Ansprüche können also grundsätzlich recht lange geltend gemacht werden. In Ausnahmefällen können Ansprüche allerdings auch verwirkt sein, wenn der Arbeitgeber gar nicht mehr mit der Geltendmachung von Ansprüchen rechnen musste. Dies ist aber sicherlich eine Ausnahme und wird selten dazu führen, dass vor Ablauf der Verjährungsfrist eine Durchsetzung der Ansprüche nicht mehr möglich ist. Anders sieht es allerdings aus, wenn sich im Arbeitsvertrag sogenannte Ausschlussklauseln finden. Ausschlussklauseln gibt es tatsächlich in vielen Arbeitsverträgen und auch in Tarifverträgen sind derartige Regelungen keine Seltenheit. Die Formulierungen der Klauseln können etwas unterschiedlich sein. Im Kern wird aber immer geregelt, dass Ansprüche, die nicht innerhalb eines bestimmten Zeitfensters, oft innerhalb von drei Monaten, geltend gemacht wurden, später auch eben nicht mehr geltend gemacht werden können. Natürlich sind manche dieser Klauseln unwirksam. Hier wird es immer auf die genaue Formulierung ankommen. Grundsätzlich ist aber eine zeitliche Beschränkung zur Geltendmachung von Ansprüchen durchaus möglich und für Arbeitnehmer steckt in diesen Ausschlussklauseln die erhebliche Gefahr, Ansprüche zu verlieren. Häufig handelt es sich ja um sogenannte zweistufige Klauseln. Dies bedeutet, dass im ersten Schritt innerhalb einer bestimmten Frist die Ansprüche überhaupt – meist in Textform, also mit dem guten alten Brief – gegenüber dem Arbeitgeber geltend zu machen sind. Sollte der Arbeitgeber nicht reagieren, wird dann durch die Ausschlussklausel auch noch festgelegt, dass diese Ansprüche innerhalb einer bestimmten weiteren Frist sodann auch gerichtlich geltend gemacht werden müssten. Selbst wenn die erste Stufe, also die Geltendmachung gegenüber dem Arbeitgeber, dabei eingehalten wurde, kann immer noch der Anspruch ausgeschlossen sein, wenn sodann im zweiten Schritt die Ansprüche nicht mehr rechtzeitig gerichtlich geltend gemacht wurden.

Mein Tipp!

Gerade wenn es um Bonuszahlungen geht, haben Arbeitnehmer häufig gute Chancen, diese durchzusetzen, oft sogar in voller Höhe. Wer also meint, Ansprüche geltend machen zu können, sollte auf Ausschlussklauseln achten und ggf. kurzfristig seine Ansprüche geltend machen. Tatsächlich sind heutzutage Ausschlussklauseln absolut keine Seltenheit mehr in Arbeitsverträgen, sondern eher die Regel. Ich sollte mit der Geltendmachung von Ansprüchen nicht warten, bis das Arbeitsrechtsverhältnis beendet wurde. Arbeitsrechtlich ist auch eindeutig, dass es keine Nachteile für mich als Arbeitnehmer mit sich bringen darf, wenn ich meine berechtigten Interessen geltend mache.

7. Kapitel:

Auf Reisen

Rechtliche Tipps
und Tricks für die
schönste Zeit im Jahr

Kann ich Urlaub immer (kostenfrei) stornieren?

Worum geht es?

Nicht immer läuft das Leben so, wie man es geplant hat. Manchmal kann ich vielleicht aus persönlichen Gründen eine Reise nicht antreten, manchmal liegt es aber auch daran, dass vor Ort Unwetter herrschen, Waldbrände wüten oder andere Konstellationen den Urlaub erheblich beeinträchtigen. Kann ich in einer solchen Situation dann den Urlaub (kostenlos) stornieren?

Wie sieht es rechtlich aus?

Die gute Nachricht ist, dass ich natürlich immer den Urlaub stornieren kann. Niemand wird gezwungen, seinen Urlaub anzutreten. Leider geben persönliche Gründe keinen Anspruch darauf, den Urlaub kostenfrei zu stornieren. Regelmäßig werden in einer solchen Konstellation Stornierungskosten anfallen. Hier kann ich allenfalls in Bezug auf die Höhe diskutieren und verhandeln. Gerade bei Individualreisen werde ich bei einer Stornierung grundsätzlich auf Kosten sitzen bleiben. Selbst wenn also der Flug annulliert wird, ist das separat gebuchte Hotel grundsätzlich zu bezahlen, auch wenn ich es mangels Fluges vielleicht gar nicht erreiche. Auch wenn vor Ort Waldbrände wüten und ich kaum das Hotel verlassen kann, werde ich zahlen müssen, solange das Hotel nicht aufgrund der gefährlichen Situation vor Ort schließt. Natürlich ist es immer möglich, dass Hotels dennoch freiwillig ein Entgegenkommen zeigen und bis zu einem bestimmten Zeitpunkt doch eine kostenlose Stornierungsmöglichkeit einräumen. Das Gesetz gibt hier keinen entsprechenden Anspruch für Urlauber. Anders sieht es aus, wenn eine Pauschalreise gebucht wurde. Eine Pauschalreise liegt immer dann vor, wenn die gebuchte Reise mindestens zwei Arten von Reiseleistungen umfasst. Klassischerweise ist dies meistens das Hotel und der Flug.Treten sodann vor Ort unvermeidbare, außergewöhnliche Umstände auf, die die Durchführung der Reise erheblich beeinträchtigen, können Urlauber tatsächlich die gesamte Reise kostenlos vor Reisebeginn stornieren.

Mein Tipp!

Pauschalreisen bieten durchaus einige Vorteile. Ein wichtiger Aspekt ist sicherlich, dass es in besonderen Situationen, zum Beispiel bei Waldbränden oder Ähnlichem, problemlos möglich ist, eine Reise kostenlos zu stornieren. Wichtig ist auch, dass ich mir vor Augen führe, dass ich als Individualurlauber durchaus Gefahr laufe, ein Hotel bezahlen zu müssen, wenn mein Flug storniert wird, oder eben auch den Flug bezahlen muss, selbst wenn das Hotel vor Ort aufgrund von Waldbränden geschlossen ist.

Wann hilft die Reiserücktrittsversicherung?

Worum geht es?

Bei persönlichen Gründen sieht das Gesetz keine Möglichkeit vor, sich bei einer Reise kostenfrei vom Vertrag zu lösen. Daher erwägen viele, eine Reiserücktrittsversicherung abzuschließen, um diese Konstellation abzusichern. Der Name »Reiserücktrittsversicherung« legt für viele auch nahe, dass genau eine solche Konstellation auch abgesichert ist. Aber stimmt das wirklich?

Wie sieht es rechtlich aus?

Auch wenn es aufgrund der Bezeichnung der Versicherung manche Urlauber meinen, bietet eine Reiserücktrittsversicherung nicht die Möglichkeit, jeden Rücktritt einer Reise abzusichern. Allerdings sind von der Versicherung in der Regel durchaus Fälle umfasst, bei denen ich als Urlauber aus persönlichen Gründen die Reise nicht antreten kann. Klassisches Beispiel dafür ist, wenn mir dies plötzlich aus gesundheitlichen Gründen nicht möglich ist. Auch eine Schwangerschaft wird häufig als Berechtigung gesehen, die Reise zu stornieren und die Reiserücktrittsversicherung in Anspruch zu nehmen. Oft ist auch die Stornierung der Reise nach Kündigung durch den Arbeitgeber von der Reiserücktrittsversicherung abgedeckt.

Mein Tipp!

Wie bei anderen Versicherungen auch, lohnt es sich auch bei der Reiserücktrittsversicherung, das sogenannte Kleingedruckte zu lesen und sich vorher genau darüber zu informieren, welche Fälle von der Versicherung umfasst sind. Gerade wenn ich vielleicht schon ein besonderes Risiko vor Augen habe, was zwar noch nicht eingetreten ist, aber was ich eben vorsorglich absichern möchte, lohnt sich dies besonders.

Reise plötzlich abgesagt: Was ist mit meiner nutzlos aufgewendeten Urlaubszeit?

Worum geht es?

Plötzlich fällt der langersehnte Urlaub ins Wasser. Der Reiseveranstalter hat fehlerhaft geplant, der Flug ist überbucht oder das Kreuzfahrtschiff ist noch nicht fertiggestellt und die gesamte Reise wird einfach storniert. Darüber, dass der Reisepreis erstattet wird, gibt es in derartigen Konstellationen in aller Regel gar keine Diskussion, aber was ist damit, dass ich meinen Urlaub nicht wie geplant nutzen konnte? Natürlich kann ich es mir auch auf »Balkonien« schön machen, aber wirklich dasselbe ist es nicht. Habe ich als Urlauber also einen Anspruch auf eine Entschädigung für nutzlos aufgewendete Urlaubszeit?

Wie sieht es rechtlich aus?

Das Gesetz hat Verständnis für Urlauber und stellt durchaus eine angemessene Entschädigung in Aussicht, wenn eine Pauschalreise ganz ausfällt oder erheblich beeinträchtigt wurde. Also nicht nur dann, wenn der Urlaub ganz ausfällt, sondern insbesondere auch dann, wenn die Reise mit so erheblichen Mängeln behaftet war, dass ich den eigentlichen Vertragszweck wie Erholung gar nicht erreichen konnte. Wenn ich den Mangel selbst verursacht habe oder unvermeidbare, außergewöhnliche Umstände vorliegen, scheidet ein solcher Anspruch aus. Eine gesetzlich festgelegte, einheitliche Höhe der Entschädigung gibt es nicht, sondern hier ist immer der Einzelfall zu berücksichtigen. Bei kurzfristig abgesagten Reisen wird durchaus ein Betrag von 50 Prozent des Reisepreises angesetzt. Bei Vorliegen besonderer Umstände können aber zusätzlich zur Erstattung des Reisepreises auch 100 Prozent des Reisepreises als Entschädigung angemessen sein.

Mein Tipp!

Gerade wer eine Erstattung des Reisepreises wegen erheblicher Mängel bei seinem Urlaub geltend macht, der sollte erwägen, zusätzlich eine Entschädigung wegen nutzlos aufgewendeter Urlaubszeit zu verlangen. Bei unwesentlichen Mängeln wird dies kaum in Betracht kommen, aber ab einer Minderungsquote von 50 Prozent des Reisepreises aufgrund von Mängeln sollte ich als Urlauber über die Geltendmachung eines solchen Anspruches definitiv nachdenken.

Flug ausgefallen: Welche Ansprüche habe ich als Urlauber?

Worum geht es?

Leider passiert es immer wieder. Der Flieger ist nicht nur zu spät, sondern fällt direkt ganz aus. Nach dem ersten Schock über diese Nachricht kommen natürlich viele Fragen auf. Welche Rechte habe ich in dieser Situation denn nun überhaupt?

Wie sieht es rechtlich aus?

Rechtlich wird man danach unterscheiden müssen, mit wie viel Vorlauf der Flug annulliert wurde und ob die EU-Fluggastrechteverordnung Anwendung findet. Eine Anwendbarkeit ist gegeben, wenn der Flug aus einem EU-Mitgliedstaat startet oder die ausführende (!) Fluggesellschaft aus der EU stammt und die Fluggäste zu einem Flughafen innerhalb der EU fliegen. Für einen großen Teil der Ferienflieger in Deutschland ist also die EU-Fluggastrechteverordnung anwendbar. Wird der Flug dann mehr als zwei Wochen vor dem geplanten Abflug annulliert, hat der Fluggast das Wahlrecht zwischen der Erstattung des Geldes oder einer anderen Beförderung. Wird der Flug weniger als zwei Wochen vor Abflug ersatzlos annulliert und auch kein Alternativflug in unmittelbarer zeitlicher Nähe angeboten, kann neben diesem Wahlrecht auch ein Anspruch auf eine sogenannte Ausgleichszahlung bestehen. Voraussetzung dafür ist, dass die Annullierung nicht auf außergewöhnliche Umstände, wie etwa einen Orkan oder Ähnliches, zurückzuführen ist, die auch nicht vermeidbar gewesen wären, wenn die Fluggesellschaft alle zumutbaren Maßnahmen ergriffen hätte. Die Höhe der Ausgleichszahlung richtet sich dabei nach der Flugstrecke. Bei sogenannten Kurzstreckenflügen bis zu einer Entfernung von 1.500 Kilometern fällt eine Entschädigung von 250 Euro pro Fluggast an. Bei Mittelstreckenflügen von mehr als 1.500 Kilometern innerhalb der EU oder zwischen 1.500 und 3.500 Kilometern beträgt die Entschädigung 400 Euro. Bei größeren Entfernungen liegt die Entschädigung sogar bei 600 Euro.

Mein Tipp!

Auch wenn der Flug Teil einer Pauschalreise ist, können die entsprechenden Ansprüche geltend gemacht werden. Die relativ hohen Entschädigungen von bis zu 600 Euro pro Person können dabei geltend gemacht werden, ohne dass überhaupt ein finanzieller Schaden bei mir als Reisendem in entsprechender Höhe eingetreten ist.

Flug verspätet: Nicht ärgern, sondern Urlaubskasse füllen!

Worum geht es?

Vermutlich kennen wir es alle. Ich bin pünktlich, in vielen Fällen sogar viel zu früh am Flughafen, und erfahre sodann, dass der eigene Flug Verspätung haben wird. Leider beträgt die Verspätung oft nicht nur ein paar Minuten, sondern zieht sich in einigen Fällen durchaus länger. Immerhin wurde der Flug nicht ganz annulliert. Habe ich daher überhaupt Ansprüche, wenn der Flieger mit Verspätung startet?

Wie sieht es rechtlich aus?

Rechtlich ist hier wieder entscheidend, ob die sogenannte EU-Fluggastrechteverordnung anwendbar ist. Diese gilt, wenn der Flug aus einem EU-Mitgliedsland startet bzw. wieder landet und die ausführende (!) Fluggesellschaft eine Fluggesellschaft der europäischen Mitgliedstaaten ist. Wenn dies der Fall ist, dann wird es ab einer Ankunfts(!)-Verspätung von mehr als drei Stunden interessant, wenn keine außergewöhnlichen Umstände vorliegen. In einer solchen Konstellation besteht nämlich nicht nur ein möglicher Anspruch auf Betreuungsleistungen wie Mahlzeiten und Erfrischungen, sondern ich kann auch sogenannte Ausgleichszahlungen geltend machen. Bei Kurzstreckenflügen bis zu 1.500 Kilometer kann sodann eine Ausgleichszahlung in Höhe von 250 Euro anfallen. Lag die Flugstrecke bei mehr als 1.500 Kilometern innerhalb der EU oder zwischen 1.500 und 3.500 Kilometern, so habe ich als Urlauber möglicherweise sogar einen Anspruch auf 400 Euro. Soweit keines der Kriterien zutrifft, liegt die Entschädigung sogar bei 600 Euro.

Mein Tipp!

Entscheidend für einen Anspruch auf eine sogenannte Ausgleichszahlung ist in vielen Fällen, ob die EU-Fluggastrechteverordnung greift. Soweit der Flug von Deutschland bzw. der EU startet, ist dies eigentlich kein Problem. Problematischer wird es in der Regel für den Rückflug. Hier reicht es nicht, dass ein Ziel innerhalb der EU angesteuert wird, sondern in diesem Fall muss die ausführende Fluggesellschaft auch noch eine solche der Europäischen Union sein. Wer also mit einer amerikanischen Fluggesellschaft von Amerika nach Deutschland fliegt, bei dem gilt die EU-Fluggastrechteverordnung gerade nicht. Ebenso sieht es aus, wenn ich aus der Türkei mit einer türkischen Airline nach Deutschland fliege. In manchen Fällen macht es daher durchaus Sinn, darauf zu achten, mit welcher Fluggesellschaft ich fliege, um sicherzugehen, dass ich die Rechte der EU-Fluggastrechteverordnung nutzen kann.

Koffer weg: Was nun?

Worum geht es?

Ich muss zugeben, dass ich mir bei jedem Flug Sorgen darum mache, ob auch mein Koffer mitgekommen ist. Regelmäßig stehe ich daher mit einem unguten Gefühl am Gepäckband und frage mich, was ich eigentlich machen würde, falls mein Koffer nicht dabei sein sollte. Welche Ansprüche habe ich dann eigentlich?

Wie sieht es rechtlich aus?

In aller Regel richten sich meine Rechte nach dem sogenannten Montrealer Übereinkommen, wenn mein Koffer nicht auf dem Gepäckband auftauchen sollte. Das entsprechende Abkommen gilt für große Teile der Welt, also zum Beispiel die Europäische Union, Japan, Australien und die USA. Die Höhe meines Anspruches ist relativ komplex zu berechnen, liegt aber in der Regel bei maximal ca. 1.500 Euro pro Person, wenn mein Koffer wirklich vollständig abhandengekommen wäre. Auch wenn mein Koffer länger als 21 Tage verschwunden bleibt, gilt er als verloren. Sollte der Koffer allerdings »nur« deutlich verspätet das Ziel erreichen, wird mir der Kauf von Ersatzkleidung und auch Kosmetik zu einem angemessenen Preis ersetzt. Was als angemessener Ersatzkauf gilt, bestimmt sich auch nach Art und Weise der Reise. Bei einer Geschäftsreise werden andere Anschaffungen als angemessen angesehen werden als bei einem Strandurlaub. Die Höchstgrenze liegt – wie auch beim kompletten Verlust des Koffers – jedenfalls bei maximal ca. 1.500 Euro. Soweit die Kleidung wiederverwendet werden kann, werden die Anschaffungskosten häufig auch um 50 Prozent reduziert, da ich die gekauften Sachen natürlich auch weiter nutzen kann, wenn mein Koffer wieder da ist.

Mein Tipp!

Die verspätete Ankunft des Koffers ist ohnehin nicht angenehm. Sich danach darüber zu streiten, welche Ersatzanschaffungen angemessen sind und für »Doppel«-Käufe lediglich eine Erstattung von 50 Prozent zu bekommen, macht es nicht besser. Tatsächlich ist es daher vielleicht durchaus sinnvoll, ein paar essenzielle Teile ins Handgepäck aufzunehmen. Wenn ich dann noch zusätzlich etwas benötige, wird man kaum über die Angemessenheit streiten.

Klingt besser, als es ist: Vorsicht bei diesen Katalogversprechen!

Worum geht es?

Die Beschreibung von Hotels klingt oft großartig und entsprechend hoch sind auch meine Erwartungen als Urlauber. Leider scheint die Realität manchmal so gar nicht mit den blumigen Beschreibungen übereinzustimmen. Aber ist das wirklich so? Was genau sagt eigentlich »direkt am Meer gelegen«, »Zimmer auf der Meerseite«, »landestypische Bauweise« oder »beheizbarer Pool«?

Wie sieht es rechtlich aus?

Rechtlich ist natürlich eindeutig, dass nichts Falsches versprochen werden darf, aber eine etwas blumigere Formulierung ist nicht verboten. Die Grenze des Unzulässigen liegt also genau da, wo etwas versprochen wird, was faktisch so nicht stimmt. Tatsächlich sollte also ich immer ganz genau darüber nachdenken, was denn wirklich mit der Beschreibung gesagt wird. So bedeutet die Beschreibung »direkt am Meer gelegen« eben, dass das Hotel zwar am Meer liegen muss, damit die Beschreibung richtig ist, aber nicht am Strand. Das »Zimmer auf der Meerseite« muss auch keinesfalls einen Meerblick haben, sondern nur auf der dem Meer zugewandten Seite liegen. Die Beschreibung ist dann eben auch richtig, wenn das Meer selbst gar nicht zu sehen ist. Zu der Beschreibung »landestypische Bauweise« gibt es tatsächlich bereits einige Gerichtsentscheidungen. Diese sind aber deutlich weniger romantisch, als der Begriff erscheinen mag. Mit landestypischer Bauweise ist meistens gemeint, dass die Gebäude im Ausland häufig deutlich einfacher gebaut sind und damit die Zimmer deutlich hellhöriger sind, als wir das von deutschen Häusern kennen. Wer dann abends die Urlauber im Nachbarzimmer hört, wird sich nur begrenzt beschweren können. Wer sich über eiskaltes Wasser im Pool ärgert, der muss sich vor Augen führen, dass ein beheizbarer Pool noch lange nicht heißt, dass der Pool zum fraglichen Urlaubszeitpunkt auch wirklich beheizt ist.

Mein Tipp!

Wer eine Beschreibung zu einem Hotel liest, der sollte tatsächlich jedes Wort auf die Goldwaage legen und sich nicht von blumigen Formulierungen täuschen lassen. Ich sollte immer genau überlegen, ob und was mit der Beschreibung wirklich versprochen wird. Sofern eine Beschreibung doppeldeutig ist, muss ich leider sagen, dass man gut beraten ist, noch einmal genauer zu recherchieren, um Enttäuschungen vorzubeugen.

Lärm, Zimmer dreckig, Bettwanzen, kein Pool: Was tun bei Mängeln?

Worum geht es?

An die schönste Zeit im Jahr sind natürlich immer hohe Erwartungen gekoppelt. Leider werden diese nicht immer erfüllt. So sind Beschwerden über Lärm im Urlaub gar nicht selten und auch die Reinlichkeit ist nicht immer so, wie ich mir das als Urlauber vorgestellt haben. Aber wie sollte ich nun konkret vorgehen, wenn es Grund zur Beschwerde gibt?

Wie sieht es rechtlich aus?

Rechtlich ist es zunächst einmal wichtig, dass ich nicht alles still und leise erdulde, sondern dass ich auch direkt den konkreten Mangel anspreche und eine Mangelbeseitigung verlange. Hierbei sollte ich auch direkt eine Frist zur Beseitigung setzen. Je nach Mangel kann diese Frist länger, aber auch durchaus sehr kurz sein. Auch wenn ich selbst vielleicht meine, dass der Mangel ohnehin nicht beseitigt werden kann, muss ich eine Mangelbeseitigung verlangen, wenn ich später Ansprüche geltend machen möchte. Es mag leichter sein, die Verschmutzung des Zimmers zu beseitigen, als Baulärm. Dennoch sollte ich den Mangel auf jeden Fall ansprechen. Vielleicht gibt es ja eine Möglichkeit innerhalb des Hotels umzuziehen in einen Bereich, der vom Lärm gar nicht betroffen ist. Ganz wichtig ist auch, dass ich mich überhaupt an den richtigen Ansprechpartner wende. Bei Pauschalreisen ist dies eben gerade nicht das Hotel vor Ort, sondern der Reiseveranstalter. Ist kein Repräsentant des Reiseveranstalters greifbar, kann ich auch eine E-Mail schreiben und so den Mangel melden. Der Vorteil dabei ist, dass ich gleich auch einen Nachweis für die Mängelanzeige habe. Sollte ich die Mängel vor Ort nicht angezeigt und Abhilfe verlangt haben, werde ich auch später keinerlei Ansprüche mehr daraus geltend machen können. Ansonsten habe ich drei Jahre nach meiner Rückkehr – beginnend mit dem Ende des Reisejahres – Zeit, bevor die Verjährung eintritt und der Reiseveranstalter nicht mehr zahlen muss. Es ist aber auf jeden Fall sinnvoll, nicht so lange zu warten, sondern zügig vorzugehen und natürlich auch vor Ort schon Beweise zu sammeln und Zeugen ausfindig zu machen. Allerdings ist die Höhe der Erstattung bei Mängeln meist übersichtlich. Natürlich kommt es immer auf den Einzelfall an. Bei Zimmern, die nicht sauber sind, geht man oft von Erstattungsansprüchen in Höhe von 10 Prozent des betroffenen Tagespreises aus. In Einzelfällen haben die Richter aber auch schon einmal 60 Prozent des Tagespreises zugesprochen. Um eine solche Höhe der Minderung zu erreichen, muss aber einiges zusammenkommen. Wenn im Wellnessurlaub lediglich der Pool fehlt, dann kommt allenfalls eine kleinere Preisminderung von 10 bis 20 Prozent in Betracht. Bei Lärm wird es immer auf das konkrete Ausmaß ankommen. Generell gilt, dass für Lärm am Tag weniger Minderung angesetzt werden kann als bei Lärm in der Nacht. Bei Lärm von morgens bis abends gibt es Entscheidungen, die 50 Prozent des Tagespreises zugesprochen haben. Im Zweifel muss ich auch hier natürlich wieder den Nachweis erbringen, also ein Lärmprotokoll erstellen, Videos und Zeugen vorhalten und natürlich vor Ort bereits den Mangel angezeigt und Abhilfe gefordert haben. Die Rechtsprechung ist in Bezug auf die Höhe der Ansprüche von Urlaubern meistens nicht sehr großzügig, aber bei Bettwanzen hört auch für die Rechtsprechung der Spaß auf. Selbst in diesen Bereichen reichen die Urteile aber von 10 Prozent des Tagespreises bis zu 100 Prozent des Tagespreises zuzüglich Schadensersatz für vertane Urlaubszeit von ca. 50 Prozent des Reisepreises und Schmerzensgeld. 3.500 Euro und mehr wurde dabei als Schmerzensgeld angesetzt. Wichtig ist aber auch hier, dass ich den Nachweis dafür erbringen kann, dass Bettwanzen wirklich vor Ort waren. Bettwanzenfallen aufstellen, Fotos von Blut auf Bettlaken oder Bettwanzenkot vor Ort machen sowie Fotos von Bissen machen, gerne auch mit Verlauf der Bisse innerhalb von Tagen, ist daher sinnvoll. Auch eine Dokumentation des Verhaltens der Hotelleitung und der Reinigung der Räume durch Kammerjäger ist von Vorteil. Ist das Problem wirklich erheblich und wird nicht beseitigt, kann ich als Urlauber auch die Reise abbrechen und Rückbeförderung verlangen.

Mein Tipp!

Auch wenn ein Gericht am Ende eines langen Rechtsstreits bestätigt, dass ein Reisemangel vorgelegen hat, bekomme ich in aller Regel wenig Geld zurück. Es ist daher oft zielführender, vor Ort am Ball zu bleiben und eine zufriedenstellende Lösung zu finden. Zum einen ärgert man sich dann nicht während des ganzen Urlaubs und zum anderen erspart man sich danach auch den Ärger.

Ferienhaus im Ausland: Das sollte jeder vor der Buchung bedenken!

Worum geht es?

Hotels sind nicht jedermanns Sache. Lange gibt es daher auch schon sehr ansprechende Alternativen und gerade online wird es mir leicht gemacht, tolle Ferienhäuser oder auch Wohnungen im Ausland für den Urlaub zu mieten. Solange alles wunderbar klappt, ist das natürlich kein Problem. Aber was ist, wenn sich das Traumferienhaus als Albtraum herausstellt? Was kann ich dann tun?

Wie sieht es rechtlich aus?

Grundsätzlich muss man sich hier ganz genau ansehen, mit wem welcher Vertrag zustande kommt. Wer eine Pauschalreise ins Ausland bei einem deutschen Reiseveranstalter bucht, ist auf der sicheren Seite. Vertragspartner ist hier der deutsche Reiseveranstalter, sodass mein Geld auch im Fall der Insolvenz des Veranstalters abgesichert sein muss. Anders sieht es aus, wenn ich im Internet über eine Plattform eine Ferienwohnung im Ausland buche. Hier ist die Plattform nämlich in aller Regel nur Vermittler und der Vertrag kommt mit dem Eigentümer der Ferienwohnung zustande. Daher gilt häufig auch kein deutsches Recht. Natürlich gibt es auch im Ausland Regelungen, die Urlauber schützen. Es ist oft aber schwieriger, im Ausland seine Rechte durchzusetzen. Zum einen werde ich in aller Regel auch einen Anwalt vor Ort benötigen. Hierbei gibt es häufig schon aufgrund der Sprache Schwierigkeiten. Auch das Rechtssystem ist häufig anders als in Deutschland und selbst wenn ich ein Urteil erwirken konnte, stellt sich die Vollstreckung manchmal als schwierig bzw. kostenträchtig dar. Anders als in Deutschland bekomme ich selbst im europäischen Ausland nicht immer alle Kosten erstattet, selbst wenn ich in der Sache vollständig obsiegt habe.

Mein Tipp!

Ein Ferienhaus oder eine Ferienwohnung im Ausland kann absolut traumhaft sein. Hierbei kann ich sicherlich auch wahre Schnäppchen machen. Ich sollte mir nur bewusst machen, dass auch gewisse Risiken damit verbunden sind. Es ist daher sicherlich sinnvoll, die Risiken so weit wie möglich zu minimieren und sich vorab möglichst gut über das Ferienhaus und auch den Vermieter zu informieren. Ein Rechtsstreit lohnt sich aber selbst bei durchaus erheblichen Mängeln häufig nicht, wenn ich den Aufwand und die möglichen Kosten berücksichtige.

Zug entfällt oder hat Verspätung: Welche Rechte habe ich?

Worum geht es?

Jeder, der regelmäßig mit der Deutschen Bahn fährt, weiß worum es geht. Die Bahn ist – vorsichtig formuliert – nicht immer pünktlich. Von kleineren Verspätungen bis kompletten Zugausfällen ist letztlich alles möglich. Aber wie sieht es eigentlich rechtlich aus? Wann bekomme ich mein Geld bei Zugausfällen zurück und gibt es auch bei der Bahn vielleicht eine Art Ausgleichszahlung bei Verspätungen, wie dies beim Fliegen möglich ist?

Wie sieht es rechtlich aus?

Ähnlich wie beim Fliegen gibt es auch hier ziemlich konkrete Regelungen, allerdings sind diese Regelungen wesentlich weniger verbraucherfreundlich. Ab einer Ankunftsverspätung von 60 Minuten kann ich mich gegen eine Fahrt und für die Erstattung des Fahrpreises entscheiden. Fahre ich aber doch, erhalte ich ab einer Verspätung von 60 Minuten auch 25 Prozent des Fahrpreises als Entschädigung zurück. Ab 120 Minuten Verspätung sind es dann sogar 50 Prozent des Fahrpreises. Aber Achtung: Bisher war der Grund der Verspätung egal. Nach der neuen Regelung erhalte ich aber keine Entschädigung in Form der Fahrpreiserstattung mehr, wenn die Bahn nachweisen kann, dass außerhalb des Bahnbetriebes liegende, außergewöhnliche Umstände wie Witterungsbedingungen oder das Verschulden eines Fahrgastes oder auch eines Dritten Grund für die Verspätung sind. Immerhin wäre aber auch weiterhin der Streik des Bahnpersonals kein Ausschlussgrund und ich kann auch in diesem Fall eine Erstattung geltend machen.

Mein Tipp!

Durch die Neuregelungen ist es deutlich schwieriger geworden, abzusehen, ob ich Anspruch gegenüber der Bahn habe. Im Zweifel werde ich dies erst mit letzter Sicherheit in einem Gerichtstermin feststellen können, wenn ggf. die Ausführungen der Bahn dazu, ob die Verspätung auf Umständen beruht, die außerhalb des Bahnbetriebes liegen, überprüft würden. Verbraucherfreundlich ist das nicht wirklich. Dennoch sollte man sich nicht abschrecken lassen und versuchen, bei einer Verspätung Ansprüche durchzusetzen. Je nach Antwort der Bahn werde ich mich dann entscheiden müssen, ob ich meinen Anspruch weiterverfolge oder davon ausgehe, dass trotz Verspätung tatsächlich keine Ansprüche gegenüber der Bahn bestehen.

Busreise: Welche Ansprüche habe ich bei Verspätungen?

Worum geht es?

Neben Flugreisen und Bahnfahrten kann man natürlich auch eine Busreise unternehmen. Angesichts des zunehmenden Verkehrs, vieler Baustellen und manchmal auch aufgrund von Unfällen kann es bei Busreisen immer wieder zu Verspätungen kommen. Gibt es daher ähnlich wie bei Zugfahrten oder Flügen auch entsprechende Ansprüche auf Ausgleichszahlungen?

Wie sieht es rechtlich aus?

Wer an seine letzte Busreise denkt und auf eine mögliche Entschädigung von mehreren Hundert Euro aufgrund einer erheblichen Verspätung spekuliert, den muss ich enttäuschen. Die großzügigen Zahlungen, die wir bei verspäteten Flügen kennen, resultieren aus den speziellen Regelungen in der EU-Fluggastrechteverordnung, die aber natürlich nicht für Busreisen gilt. Etwas komplizierter und weniger üppig sieht es bei Verspätungen der Deutschen Bahn aus. Auch hier sind aber Rückzahlungen bei erheblichen Verspätungen vorgesehen. Man muss einräumen, dass Bahnfahren und auch Fliegen mit einer Busreise nicht vergleichbar sind. Staus auf den Autobahnen sind nicht kontrollierbar und nur sehr beschränkt vorhersehbar. Busunternehmen haben in der Regel auch keinerlei Einfluss auf die Verkehrssituation. Einen Entschädigungsanspruch gegen Busunternehmen wie bei Bahnfahrten oder Flügen gibt es daher bei Verspätungen nicht. Ab einer Verspätung von mindestens 120 Minuten besteht bei reinen Busreisen allerdings ein Anspruch auf eine Alternativbeförderung oder Erstattung des Ticketpreises. Unter der Voraussetzung, dass die planmäßige Fahrtdauer mehr als drei Stunden und die Verspätung mindestens 90 Minuten beträgt, muss das Busunternehmen kostenlose Snacks und Getränke zur Verfügung stellen und ggf. sogar eine Unterbringung in einem Hotel organisieren. Voraussetzung ist aber – wie bei Zug und Flieger – auch hier, dass die Verspätung nicht auf Naturkatastrophen oder Ähnlichem beruht. Sollte es sich bei der Busreise um einen Teil einer Pauschalreise handeln, kann ich ab einer bestimmten Verspätung auch über eine Reisepreisminderung nachdenken, insbesondere dann, wenn bestimmte Highlights aufgrund der Verspätung sogar ausfallen mussten.

Mein Tipp!

Busreisen sind mit Bahn- oder Flugreisen nicht vergleichbar. Hier lohnt es sich in aller Regel, allenfalls darüber nachzudenken, sich das Ticket erstatten zu lassen. Weitergehende nennenswerte Ansprüche wird es in aller Regel kaum geben.

Urlaub gegen Hand: Kann es da Ärger geben?

Worum geht es?

Urlaub gegen Hand wird immer beliebter. Aber was ist damit eigentlich genau gemeint? Angeboten werden gewissermaßen freie Kost, Logis und manchmal ein kleines Taschengeld gegen Mitarbeit. Typisches Beispiel ist oft ein Bauernhof in Spanien, Italien oder Griechenland. Wer bei der Wein- oder Olivenernte hilft, dem wird im Wesentlichen eine kostenlose Übernachtungsmöglichkeit angeboten. Den meisten Interessenten geht es bei dem Angebot weniger darum, Geld zu sparen, sondern darum, im Urlaub einfach einmal etwas ganz anderes zu machen als den eigenen, vielleicht langweiligen Bürojob. Wo kann es hier ein rechtliches Problem geben? Mein Urlaub geht den Chef doch gar nichts an, oder?

Wie sieht es rechtlich aus?

Grundsätzlich ist es völlig richtig, dass ich meine Urlaubsaktivitäten nicht mit dem Arbeitgeber abklären muss. Hier geht es allerdings nicht um Urlaubsaktivitäten, sondern darum, dass ich während meines Urlaubs letztlich arbeiten möchte, und dies kann durchaus problematisch sein. Urlaub soll nämlich der Erholung dienen. Deshalb regelt auch das Gesetz, dass der Arbeitnehmer während des Urlaubs keiner dem Urlaubszweck widersprechenden Erwerbstätigkeit nachgehen darf. Gibt es für die Tätigkeit keine Gegenleistung, läge schon gar keine Erwerbstätigkeit vor. Ehrenamtlich dürfte ich also loslegen. Ansonsten wird man sich immer den konkreten Fall ansehen müssen, insbesondere den zeitlichen Aufwand und auch die Belastung für den Arbeitnehmer. Diskussionen mit dem Arbeitgeber sind hier aber durchaus möglich.

Mein Tipp!

Niemand möchte aus dem Urlaub kommen und danach erst einmal Diskussionen mit dem Arbeitgeber führen oder sogar über eine Abmahnung oder Kündigung diskutieren. Am besten ist es also, wenn ich nicht erst dem griechischen Weinbauern meine Hilfe zusage, sondern erst einmal das Gespräch mit dem Arbeitgeber suche. Wer die Situation vorher klärt und damit dem Arbeitgeber auch die Möglichkeit der Nachfrage gibt, wird sicherlich spätere Diskussionen und auch Ärger vermeiden können.

8. Kapitel:

Unterwegs

Alles rund ums Auto
und den Straßenverkehr

Gestohlenes Auto gekauft! Was nun?

Worum geht es?

Ein solider Gebrauchtwagen kann eine gute Alternative zum Kauf eines Neuwagens sein. Allerdings sollte ich mir darüber bewusst sein, dass immer dort, wo es um höhere Summen gehen kann, oft auch Betrüger am Werk sind. Wie sieht nun die Rechtslage aus, wenn ich einen Pkw gekauft habe, der Verkäufer aber gar nicht der Eigentümer des Pkws war?

Wie sieht es rechtlich aus?

Rechtlich kommt es entscheidend auf die konkrete Ausgangssituation an. Die häufigste Konstellation sieht dabei so aus, dass das Fahrzeug aus einem Leasing heraus, ohne Wissen des Leasinggebers und Eigentümers verkauft wird. Nachvollziehbarer Weise gibt es daher einen Schlüssel zum Pkw und dem eigentlichen Eigentümer fällt zunächst auch gar nicht auf, dass der Pkw verschwunden ist. Natürlich ist es auch möglich, dass der Wagen einfach vor dem Haus des eigentlichen Eigentümers gestanden hat, aufgebrochen wurde und die Diebe ihn mitgenommen haben. Tatsächlich ist die Ausgangssituation bei der »Leasing-Variante« für den Käufer wesentlich besser. Hier hat nämlich der Eigentümer das Fahrzeug selbst freiwillig aus der Hand gegeben. Dies bedeutet zum einen, dass kein Diebstahl vorliegt, sondern man juristisch von einer Unterschlagung ausgehen würde. Noch wichtiger ist aber, dass der Eigentümer in einer solchen Konstellation gewissermaßen als weniger schutzwürdig angesehen wird, da er das Fahrzeug zumindest selber aus der Hand gegeben hat. Bei einer solchen Konstellation ist daher ein gutgläubiger Erwerb des Pkws grundsätzlich möglich. Erforderlich ist dafür allerdings, dass ich als Käufer keine Kenntnis davon hatte, dass der Verkäufer nicht Eigentümer war und dies auch nicht infolge grober Fahrlässigkeit verkannt hat. Je dubioser die Umstände des Kaufs waren, desto eher wird aber zumindest diese grobe Fahrlässigkeit vorliegen. Man muss sich daher den Einzelfall genau ansehen.

Mein Tipp!

Besondere Vorsicht beim Kauf eines Gebrauchtwagens walten zu lassen, ist immer empfehlenswert. Ein gutgläubiger Erwerb wird insbesondere dann angenommen werden, wenn keine Umstände vorliegen, die den Käufer normalerweise hätten misstrauisch werden lassen. Wer also beim Kauf ein ungutes Gefühl hat, ist gut beraten, auf dieses Bauchgefühl zu hören und so späteren Ärger zu vermeiden.

Gebrauchtwagen mit erheblichen Mängeln gekauft: Was kann ich tun?

Worum geht es?

Wer nicht gerade Experte im Kfz-Bereich ist, für den ist der Zustand eines Pkws oft schwer zu beurteilen. Ein Wagen, der optisch gut aussieht, muss nicht unbedingt in einem einwandfreien Zustand sein. Daher ist der Kauf eines gebrauchten Pkws für viele mit Risiken verbunden. Welche Rechte habe ich also, wenn sich nach dem Kauf herausstellt, dass das Fahrzeug doch erhebliche Mängel hat, die ich vor dem Kauf aber gar nicht sehen konnte?

Wie sieht es rechtlich aus?

Wer einen gebrauchten Wagen kauft, sollte sich nicht nur die Papiere sehr gründlich ansehen. Auch das Fahrzeug selbst sollte ich möglichst genau unter die Lupe nehmen. Gerade bei Privatverkäufen kann ich die Gewährleistung durchaus wirksam ausschließen, sodass es schwer wird, überhaupt nach Kauf irgendwelche Ansprüche geltend zu machen. Auch eine Gebrauchtwagen-Inspektion kann sich für Käufer lohnen, wenn ich als Käufer selbst den Zustand des Wagens nicht wirklich einschätzen kann. Ein Gewährleistungsausschluss wird allerdings dann nicht greifen, wenn der Verkäufer Mängel arglistig verschwiegen hat, also einen Mangel bewusst nicht offengelegt hat, obwohl er wusste, dass der Umstand sehr wohl erheblich für die Kaufentscheidung gewesen wäre. Wenn der Verkäufer also behauptet, dass sich das Fahrzeug in einem einwandfreien Zustand befindet und unfallfrei ist, sollte dies auch genau so im Kaufvertrag vermerkt sein. Gibt es später Ärger, kann ich mich auf die entsprechende Formulierung im Kaufvertrag berufen.

Mein Tipp!

Ein guter Tipp für jeden Käufer ist daher, Vorschäden genau im Kaufvertrag festzuhalten. Hier sollte ich mich auch nicht auf das verlassen, was vielleicht im Gespräch zu einem allgemein vermerkten »Vorschaden« im Kaufvertrag erklärt wird. Ansonsten besteht die Gefahr, dass im Nachhinein behauptet wird, dass mit dem im Kaufvertrag erwähnten Vorschaden gar nicht der im Gespräch erwähnte kleine Kratzer gemeint ist, sondern ein ganz anderer Schaden. Ich sollte mich bei der Kaufentscheidung auch keinesfalls unter (zeitlichen) Druck setzen lassen, sondern eher besonders vorsichtig werden, wenn es ein Verkäufer mit dem Verkauf besonders eilig hat.

Was droht, wenn »Mann« auf einem Frauenparkplatz parkt?

Worum geht es?

Nicht in jedem Parkhaus oder auf jedem Parkplatz gibt es Frauenparkplätze. Aber wenn es solche Parkplätze gibt, dann sind diese meistens besonders gut gelegen, also direkt an einem Ausgang. Häufig sind diese Plätze auch besonders gut beleuchtet oder überwacht. Da oft davon ausgegangen wird, dass gerade Frauen auch gelegentlich mit Kinderwagen unterwegs sind, sind diese Plätze manchmal auch größer als andere Parkplätze. Natürlich ist es daher durchaus angenehm, dort zu parken. Darf »Mann« dort aber wirklich parken? Und welche Konsequenz droht »Mann«, wenn er auf einem Frauenparkplatz parkt?

Wie sieht es rechtlich aus?

In Deutschland ist nahezu alles gesetzlich geregelt. Tatsächlich gibt es hierzu aber keine gesetzliche Regelung. Wer also hier gedacht hat, dass ein einziger Blick in die Straßenverkehrsordnung helfen würde, den muss ich enttäuschen. Da es also kein gesetzliches Verbot dafür gibt, dass Männer auf Frauenparkplätzen parken, gibt es natürlich auch keine gesetzliche Regelung bzw. keine gesetzliche Basis dafür, dass Bußgelder verhängt werden können. Von staatlicher Seite droht Falschparkern hier also nichts. Dennoch verstößt »Mann« aber natürlich gegen die Vorgabe des Parkhausbetreibers, der bestimmte Parkplätze eben als Frauenparkplätze ausgewiesen hat. Natürlich können Betreiber bei Verstößen daher gewissermaßen auch Strafen verhängen und beispielsweise ein Hausverbot für das Parkhaus erteilen.

Mein Tipp!

Wenn »Mann« sich überlegt, warum Frauenparkplätze geschaffen wurden, dann sollte doch deutlich werden, dass es nicht sonderlich fair ist, diese Parkplätze zu blockieren. Vielleicht hält »Mann« sich dann auch ohne drohendes Bußgeld einfach an die Vorgabe und freut sich, dass die Mutter, Schwester oder Freundin ohne schlechtes Gefühl oder Sicherheitsbedenken ein Parkhaus nutzen kann.

Zugeparkt! Was kann ich machen?

Worum geht es?

Egal ob ich in der Stadt oder auf dem Land wohne, parken kann ein echtes Problem sein. Besonders unschön ist es, wenn ich zu meinem Auto zurückkomme und feststellen muss, dass ich so zugeparkt wurde, dass es unmöglich ist, aus der Parklücke herauszukommen. Doch was kann ich in einer solchen Situation tun? Hilft hier die Polizei?

Wie sieht es rechtlich aus?

Wer auf öffentlicher Straße zugeparkt wird, liegt mit einem Anruf bei der Polizei oder dem Ordnungsamt genau richtig. Hier wäre es nicht einmal zulässig, selbst den Abschlepper zu rufen. Die Polizei bzw. das Ordnungsamt sind dafür zuständig, für freie Fahrt zu sorgen. Ganz anders sieht es aus, wenn mein privater Parkplatz durch ein fremdes Fahrzeug blockiert wird. Für die Klärung von privaten Angelegenheiten ist die Polizei nicht der richtige Ansprechpartner. Letztlich hilft hier nur, selbst den Abschlepper zu rufen. Für die entsprechenden Kosten werde ich häufig erst einmal selbst aufkommen müssen, da ich ja auch derjenige bin, der erst einmal das Abschleppunternehmen beauftragt hat. Damit ich mir das Geld später vom Falschparker wiederholen kann, sollte allerdings unmissverständlich ausgeschildert sein, dass es sich um einen Privatparkplatz handelt und für fremde Fahrzeuge das Parken nicht gestattet ist.

Mein Tipp!

Keine gute Idee ist es, wenn ich nun meinerseits den Falschparker zuparke. Auch nicht dann, wenn ich damit sichergehen möchte, dass dieser nicht vor Eintreffen des Abschleppunternehmens das Weite sucht. Hier könnte ich möglicherweise selbst Täter einer Nötigung werden und mich strafbar machen. Besser ist es, die Situation während der Wartezeit auf den Abschleppwagen genauestens zu dokumentieren.

Muss ich meinen Führerschein immer dabeihaben?

Worum geht es?

Noch schnell zum Supermarkt oder Tanken fahren. Gerade bei diesen spontanen Ideen denkt man nicht unbedingt daran, auch direkt den Führerschein mitzunehmen, sondern greift vielleicht nur nach dem Autoschlüssel und fährt los. Wie sieht es aber aus, wenn ich ausgerechnet in einer solchen Situation angehalten und von der Polizei kontrolliert werde?

Wie sieht es rechtlich aus?

Hier ist das Gesetz sehr eindeutig: Wer ein Fahrzeug führt, muss einen Führerschein dabeihaben. Wer den Führerschein nicht dabeihat, begeht eine Ordnungswidrigkeit und es können zehn Euro fällig werden. Sollte sich bei einer Kontrolle herausstellen, dass ich vielleicht unter Alkoholeinfluss gefahren bin, könnte es sogar sein, dass mein Führerschein bei der Kontrolle auch direkt beschlagnahmt wird. Tatsächlich darf ich dann auch nicht mehr selbst fahren, bis über die Sache entschieden wurde und ich meinen Führerschein wieder in den Händen halte.

Mein Tipp!

Natürlich stellt sich in manchen Fällen im Nachhinein heraus, dass eine Beschlagnahme eigentlich nicht richtig gewesen ist. Dennoch darf ich natürlich nicht selbst Auto fahren, wenn der eigene Führerschein beschlagnahmt wurde. Es stellt sich in dieser Konstellation regelmäßig die Frage, ob es nicht ein guter Tipp ist, den Führerschein nicht dabeizuhaben und zehn Euro zu zahlen, anstatt vielleicht bis zur Klärung eines solchen Verfahrens nur Beifahrer sein zu dürfen.

AirPods während der Fahrt: Droht Ärger?

Worum geht es?

Ich muss zugeben, dass ich meine AirPods liebe. Nahezu immer und überall habe ich sie dabei. Mit meiner Leidenschaft bin ich definitiv nicht alleine. Immer wieder sehe ich, dass auch andere Menschen mit AirPods unterwegs sind. Aber darf ich AirPods eigentlich überhaupt im Auto oder auf dem Fahrrad während der Fahrt tragen?

Wie sieht es rechtlich aus?

Ein explizites Verbot, AirPods im Straßenverkehr zu tragen, gibt es tatsächlich nicht. Das alleine sagt allerdings noch nicht viel aus, denn das Gesetz regelt meistens relativ abstrakt die Rechtslage, damit möglichst viele Sachverhalte umfasst sind. So ist in der Straßenverkehrsordnung zwar nichts über AirPods zu finden, es wird aber geregelt, dass derjenige, der ein Fahrzeug führt, nicht in seinem Gehör durch Geräte beeinträchtigt sein darf. Wer jetzt als Fahrradfahrer meint, für ihn würde diese Regelung nicht gelten und die Nutzung von AirPods auf dem Fahrrad sei gar kein Problem, den muss ich enttäuschen. Auch ein Fahrrad ist ein Fahrzeug im Sinne der Regelung. Entscheidend ist also immer, ob durch die Nutzung der AirPods das Gehör beeinträchtigt wird. Wenn dies der Fall ist, dann droht ein Bußgeld. Die Bußgeldhöhe von zehn Euro ist dabei aber durchaus überschaubar.

Mein Tipp!

Das Bußgeld ist hier sicherlich wenig abschreckend. Sollte ich allerdings mit Kopfhörern in einen Unfall verwickelt werden, wird sich schnell die Frage der Mitschuld am Unfall allein wegen der Nutzung der AirPods stellen. Diese kann dann schnell sehr teuer werden. Nur als Fußgänger kann ich grundsätzlich bedenkenlos in jeder Lautstärke Musik hören. Um mögliche Gefahrensituationen im Straßenverkehr zu vermeiden, sollte ich mir dies aber vielleicht auch im eigenen Interesse gut überlegen.

Wie schmutzig darf ein Auto sein?

Worum geht es?

Während ich im Allgemeinen ziemlich ordentlich bin, muss ich zugeben, dass mein Auto oft durchaus gepflegter sein könnte. Manchmal ist es insbesondere von außen schon ziemlich schmutzig. Interessiert sich aber das Gesetz tatsächlich dafür, wie sauber mein Auto ist, solange ich noch durch die Scheiben gucken kann?

Wie sieht es rechtlich aus?

Indirekt regelt die Straßenverkehrsordnung tatsächlich etwas zur Sauberkeit meines Autos. Denn vorgeschrieben ist, dass zumindest die Kennzeichen stets gut lesbar sein müssen. Sollte mein Auto also wieder einmal ziemlich dreckig sein und die Kennzeichen nicht mehr lesbar, so würde ich eine Ordnungswidrigkeit begehen. Das Bußgeld ist mit fünf Euro allerdings ziemlich überschaubar. Wer angesichts des niedrigen Bußgeldes jetzt überlegt, ob die Situation nicht ähnlich sein könnte, wenn ich das Nummernschild mit einer sogenannten »Anti-Blitzer-Folie« überklebe, den kann ich nur warnen! Auch wenn es vielleicht auf den ersten Blick ähnlich erscheint, sieht das Gesetz dies ganz anders. Hier wird nämlich ganz bewusst ein Kennzeichen manipuliert. Damit wäre ich sogar im Strafgesetzbuch, nämlich bei dem sogenannten »Kennzeichenmissbrauch«. Dies ist alles andere als eine Bagatelle und es ist sogar eine Freiheitsstrafe bis zu einem Jahr oder Geldstrafe nach dem Gesetz vorgesehen.

Mein Tipp!

Wenn in irgendeiner Form bewusst an offiziellen Zeichen manipuliert wurde, versteht der Staat keinen Spaß. Während bei einem durch Schmutz nicht lesbaren Kennzeichen häufig nicht mal ein Bußgeld verhängt wird, bin ich bei einer bewussten Manipulation auf jeden Fall im Strafrecht und damit in einem ganz anderen Bereich.

Darf die Polizei mein Auto durchsuchen?

Worum geht es?

Eine Begegnung mit der Polizei kann schon nervös machen. Etwas beruhigter bin ich, wenn ich weiß, welche Rechte und Pflichten ich habe und welche polizeilichen Maßnahmen zulässig sind. Sollte mich die Polizei also anhalten, darf sie dann eigentlich mein Auto durchsuchen?

Wie sieht es rechtlich aus?

So einfach darf die Polizei mein Auto nicht durchsuchen. Hierzu wäre ein richterlicher Beschluss für die Durchsuchung des Fahrzeugs erforderlich. Wenn es allerdings konkrete Hinweise auf eine Straftat gibt, sodass Gefahr im Verzug besteht, kann eine Durchsuchung zulässig sein. Auch einen Blick in den Kofferraum muss ich also der Polizei nicht gewähren. Schwierig wird es allerdings, wenn ich von der Polizei aufgefordert werde, das Warndreieck, meine Warnweste und den Verbandskasten zu zeigen. Tatsächlich bin ich nämlich verpflichtet, diese Dinge vorzuzeigen. Und wie bei den meisten Autofahrern liegt all dies auch bei mir im Kofferraum. Dennoch muss ich nicht zulassen, dass die Polizei dabei den Kofferraum in Augenschein nimmt. Schon gar nicht darf die Polizei selbst den Kofferraum öffnen. Anders sieht es natürlich aus, wenn ich selbst mein Einverständnis zur Durchsuchung gebe.

Mein Tipp!

Eine Durchsuchung ist nur unter engen Voraussetzungen zulässig. Immer wieder wird im Nachhinein darüber gestritten, ob nicht vielleicht doch die Einwilligung des Betroffenen vorlag, sodass die Durchsuchung rechtmäßig erfolgte. Damit es hier keine Missverständnisse gibt, sollte ich also in jedem Fall unmissverständlich klarmachen, wenn ich einer Durchsuchung nicht zustimme.

Muss ich »pusten«, wenn die Polizei das verlangt?

Worum geht es?

Es ist nicht nötig, Schlangenlinien zu fahren, um in eine Polizeikontrolle zu geraten und gefragt zu werden, ob ich bereit wäre, einmal zu »pusten«, also einen Atemalkoholtest zu absolvieren. Kaum stellt der Polizist die Frage, ob ich zu einem solchen Test bereit wäre, stellen sich vermutlich viele Fahrer die Frage, ob ich denn wohl als Fahrer nicht letztlich dazu verpflichtet bin, ins Röhrchen zu pusten und die Frage des Polizisten eher rhetorisch war.

Wie sieht es rechtlich aus?

Hier ist die Antwort sehr eindeutig: Nein, es besteht keine Verpflichtung, einen Atemalkoholtest zu absolvieren. Selbst dann, wenn einige Indizien recht deutlich auf Alkoholkonsum hinweisen würden, darf ich als Fahrer an dieser Stelle den Test noch ablehnen. Allerdings werde ich dann natürlich von der Polizei sehr genau unter die Lupe genommen werden. Erhärtet sich der Verdacht einer Alkoholfahrt zum Beispiel durch Lallen oder Zittern, kann eine Blutentnahme angeordnet werden, wenn ein dringender Verdacht einer Straftat vorliegt. Der Bluttest selbst muss aber von einem Arzt im Krankenhaus oder auf der Polizeidienststelle durchgeführt werden. Spätestens dann habe ich keine Wahl mehr und muss den Blutalkoholtest über mich ergehen lassen.

Mein Tipp!

Tatsächlich muss sich niemand selbst belasten. Mit dem Durchführen eines Atemalkoholtests kann aber genau dies geschehen. Zeigt der, dass die zulässigen Promillewerte überschritten sind, geht es ganz sicher zur Blutabnahme. Habe ich aber den Atemalkoholtest abgelehnt, liegt es im Ermessen der Polizei, ob sie meint, dass hinreichend Indizien die Anordnung einer Blutabnahme rechtfertigen. Es ist also durchaus möglich, dass ich mir den Test gänzlich erspare. Bester Tipp ist sicherlich, vor dem Autofahren gar keinen Alkohol zu trinken, dann weiß ich auch, dass ich keinen Test fürchten muss!

9. Kapitel:

Zur Miete wohnen

Klassische Fragen
und Antworten von
Einzug bis Auszug

Darf der Vermieter die Miete beliebig hoch festlegen?

Worum geht es?

In vielen deutschen Städten ist Wohnraum kaum noch bezahlbar. Immer wieder fällt in diesem Kontext auch der Begriff »Mietwucher«. Aber dürfen Vermieter wirklich die Miete beliebig hoch ansetzen? Gibt es keine gesetzlichen Grenzen?

Wie sieht es rechtlich aus?

Grundsätzlich besteht in Deutschland Vertragsfreiheit. Tatsächlich kann also ein Vermieter im Grundsatz die Miete beliebig hoch festlegen. Daher wurde gesetzlich auch die sogenannte Mietpreisbremse geschaffen. Wenn eine Wohnung danach laut Rechtsverordnung in einem Gebiet mit angespanntem Wohnungsmarkt liegt, dann darf die Miete bei neuen Mietverträgen maximal 10 Prozent über der ortsüblichen Vergleichsmiete liegen. Bei Bestandsschutz, Vermietung von Neubauten, Modernisierungen und möblierten Wohnungen kann etwas anderes gelten. Inzwischen muss auch vor Vertragsschluss über die Vormiete, eine Erstnutzung und Vermietung nach dem 01.10.2014 sowie Modernisierungsmaßnahmen in den letzten drei Jahren vor Beginn des Mietverhältnisses genauso informiert werden wie darüber, wenn es sich um die Erstvermietung nach umfassender Modernisierung handelt. Die zu viel gezahlte Miete kann komplett zurückgefordert werden, wenn das nicht geschehen ist. Zudem könnte eine Ordnungswidrigkeit vorliegen, wenn der Mietzins die ortsübliche Vergleichsmiete um 20 Prozent übersteigt. Das Gesetz sanktioniert die überhöhten Mietpreise aber nur dann, wenn im gesamten Stadtgebiet Wohnungsnot herrscht. Die praktische Relevanz der Vorschrift ist daher nahezu null. Es gibt also ein paar Regeln, an die sich der Vermieter halten muss. Die Hürden, bis man allerdings unzulässigen Mietwucher annimmt, sind allerdings hoch. Der Tatbestand des Mietwuchers ist nur dann erfüllt, wenn die vereinbarte Miete die ortsübliche Vergleichsmiete um mehr als 50 Prozent übersteigt. Zusätzlich muss aber auch eine Zwangslage des Mieters vorliegen, die vom Vermieter zur Erzielung einer überhöhten Miete ausgenutzt wird. Ist dies wirklich der Fall, drohen dem Vermieter dann auch strafrechtliche Konsequenzen mit einer Freiheitsstrafe von bis zu drei Jahren oder mit Geldstrafe und der Mieter kann auch die zu viel gezahlte Miete zurückverlangen.

Mein Tipp!

Wirklich hilfreich in Bezug auf die Miethöhe ist letztlich vor allem die Mietpreisbremse. Es lohnt sich also, sich zu erkundigen, ob für den Bereich, in dem ich eine Wohnung suche, die Mietpreisbremse greift. Ist dies der Fall, lohnt es sich auch, genauer hinzusehen, wenn diese tatsächlich nicht eingehalten wird. Hier stehen die Chancen gar nicht schlecht, dass die Höhe der Miete unzulässig ist.

Wann ist eine Mieterhöhung zulässig?

Worum geht es?

Jeder, der einmal eine bezahlbare Wohnung gefunden hat, der freut sich. Unschön wird es aber, wenn die Miete plötzlich steigt und der Wohnraum dann doch gar nicht mehr so bezahlbar ist. Aber ist es eigentlich zulässig, die Miete nach Abschluss des Mietvertrages plötzlich zu erhöhen?

Wie sieht es rechtlich aus?

Mieterhöhungen sind erst nach Ablauf von zwölf Monaten zulässig und dann auch nur mit einem Vorlauf von drei Monaten, also letztlich erst nach Ablauf von 15 Monaten. Innerhalb von drei Jahren darf die Miete grundsätzlich auch nicht um mehr als 20 Prozent erhöht werden und das Mieterhöhungsverlangen muss in Textform mit einer Begründung erfolgen. Als Mieter muss ich der Mieterhöhung zustimmen, allerdings nur dann, wenn sie inhaltlich und formal korrekt ist. Erteile ich als Mieter meine Zustimmung nicht, droht eine Klage des Vermieters auf Zustimmung. Die Erhöhung darf nicht »einfach so«, sondern nur, wenn es eine entsprechende Vereinbarung gibt, als Anpassung an ortsübliche Vergleichsmieten oder nach Modernisierungsmaßnahmen erfolgen. Der Vermieter muss Modernisierungsmaßnahmen dabei immer drei Monate vorher ankündigen. Grundsätzlich muss ich als Mieter diese Maßnahmen dann auch dulden, kann aber bei Beeinträchtigungen die Miete mindern. Nach der Modernisierung darf der Vermieter die Jahresmiete grundsätzlich um acht Prozent der für die Wohnung aufgewendeten Kosten erhöhen, hierbei darf die Miete innerhalb von sechs Jahren aber auch grundsätzlich um nicht mehr als drei Euro pro Quadratmeter steigen. Allerdings dürfen wirklich nur die Modernisierungskosten zugrunde gelegt werden. Es müssen also Kosten abgezogen werden, die sonst für eine Reparatur angefallen wären. Luxussanierungen muss ich weder dulden noch bezahlen!

Mein Tipp!

Stimme ich als Mieter einer Mieterhöhung zu, dann gilt die Erhöhung, auch wenn sie eigentlich unberechtigt war. Ich sollte mir also das Mieterhöhungsverlangen sehr genau ansehen. Wenn Modernisierungsmaßnahmen dabei zugrunde liegen, dann lohnt sich selbst als Laie ein Blick ins Bürgerliche Gesetzbuch. Hier finden sich ziemlich präzise und verständlich Regelungen in Bezug auf diesen Bereich.

Wann darf ich die Miete mindern und wie mache ich das?

Worum geht es?

Leider ist es kein Einzelfall, dass ich als Mieter fleißig die Miete zahle, aber mein Vermieter sich gar nicht darum kümmert, wenn etwas in der Wohnung nicht funktioniert. Was ist aber, wenn meine Badezimmerheizung im Winter gar nicht richtig heizt oder es sogar in die Wohnung reinregnet? Wann kann ich meine Miete mindern und wie mache ich das eigentlich?

Wie sieht es rechtlich aus?

Wer eine Wohnung mietet, der muss zwar Miete zahlen, darf aber auf der anderen Seite auch verlangen, dass die Wohnung mangelfrei ist, also die Tauglichkeit als Wohnung in vollem Umfang gegeben ist. Tritt ein Mangel auf, dann muss ich als Mieter zunächst den Vermieter informieren und zur Beseitigung des Mangels auffordern. Ohne diese Mängelanzeige kommt keine Mietminderung in Betracht. Das Gesetz bestimmt auch, dass nicht jede Beeinträchtigung eine Mietminderung rechtfertigt. Es muss dazu mehr als eine unerhebliche Minderung der Tauglichkeit vorliegen. Auch wenn ich als Mieter den Mangel selbst zu verantworten habe, kann ich ebenfalls keine Mietminderung geltend machen. Die Höhe der Mietminderung richtet sich ansonsten danach, inwieweit die Tauglichkeit der Wohnung durch den Mangel gemindert wird. Je nach Umfang kann der Mieter beim Auftreten von Schimmel, Heizungsausfall oder Wasserschäden durchaus berechtigt sein, in erheblichem Maße die Miete zu mindern. Hier ist allerdings Vorsicht geboten. Stellt sich heraus, dass der Schimmel doch auf falsches Lüften durch mich als Mieter zurückzuführen ist, so wäre die Mietminderung gar nicht zulässig gewesen und die zu wenig gezahlte Miete kann dazu führen, dass der Vermieter zu einer Kündigung berechtigt ist. Leider lässt sich oft nicht ohne Weiteres feststellen, worauf das Auftreten von Schimmel zurückzuführen ist. Die Darlegungs- und Beweislast hat hier aber der Vermieter.

Mein Tipp!

Wichtig ist, dass ich als Mieter das Auftreten eines Mangels umgehend beim Vermieter anzeige. Das weitere Vorgehen würde ich dann immer auch danach richten, wie eindeutig der Mangel auf die Vermieterseite zurückzuführen ist. Meistens reicht eine geringe Minderung der Miete schon aus, um den Vermieter zum Handeln zu bringen.

Darf ich auch nach 22 Uhr noch duschen?

Worum geht es?

Gerade auch im Bereich Miete und Wohnen stellt sich immer wieder die Frage, wie viel Rücksicht ich nehmen muss und was eigentlich von der zulässigen Nutzung einer Wohnung alles umfasst ist. Darf ich also nachts duschen oder überschreitet das die zulässige Grenze?

Wie sieht es rechtlich aus?

Viele wird es vielleicht überraschen, aber nächtliches Baden und Duschen ist grundsätzlich erlaubt – selbst dann, wenn die Hausordnung es eigentlich verbietet. Duschen wird in aller Regel einfach als zulässige Nutzung der Wohnung angesehen. Ob Nachbarn allerdings aufgrund störender nächtlicher Wassergeräusche die Miete kürzen dürfen, bleibt bisher noch offen. Wie im Mietrecht so häufig, wird es auf den Einzelfall ankommen. Entscheidend wird dabei auch sicherlich sein, wie sehr die Nachbarn beeinträchtigt werden. So wird stundenlanges Duschen mitten in der Nacht sicherlich die Grenzen des Zumutbaren überschreiten und auch nicht mehr unter das »normale« Duschen fallen. Tatsächlich wurde sogar schon einmal gerichtlich entschieden, dass 30 Minuten für störende Wassergeräusche beim Ein- und Auslassen des Badewassers ausreichen müssen.

Mein Tipp!

In einer Wohnung darf natürlich gelebt werden. Normale Alltagsgeräusche sind daher grundsätzlich zulässig. Wer sich selbst fragt, was nach 22 Uhr noch zulässig ist, kann sich oft einfach selbst fragen, wie sehr Geräusche nach 22 Uhr stören würden, wenn sie von den Nachbarn verursacht würden. Das ist oft ein guter Indikator dafür, was wohl zulässig ist.

Grillen auf dem Balkon – was ist erlaubt?

Worum geht es?

In Deutschland ist Grillen sehr beliebt. Gerade an lauen Sommerabenden wird man vielerorts Grillgeruch wahrnehmen. Nicht immer wird dieser Geruch aber als angenehm empfunden. Wer als Nachbar im direkten Rauch sitzt, der kann das schon als störend empfinden. Ist es also überhaupt zulässig, auf dem Balkon oder der Terrasse zu grillen?

Wie sieht es rechtlich aus?

Starten wir hier einmal mit der guten Nachricht: Grundsätzlich ist es erlaubt, auf dem Balkon, der Terrasse oder im Garten zu grillen, sofern der Mietvertrag das Grillen nicht ausdrücklich verbietet. Tatsächlich ist es aber durchaus möglich, dass wirksam in der Hausordnung geregelt wird, dass das Grillen auf dem Balkon verboten ist. Auch ohne entsprechende Regelung in der Hausordnung gibt es aber Grenzen. So dürfen die Nachbarn durch Rauch oder Gerüche nicht übermäßig beeinträchtigt werden. Gerichte haben dabei sehr unterschiedlich entschieden, wann eine übermäßige Beeinträchtigung vorliegt, und jeweils auf den Einzelfall abgestellt. Von dreimal jährlich bis 25-mal jährlich für zwei Stunden ist die Bandbreite der Entscheidungen sehr groß. Natürlich beeinflussen die Entfernung zwischen den Nachbarn und andere spezifische Gegebenheiten die Entscheidung des Gerichts. Aber auch die persönliche Beurteilung des jeweiligen Richters spielt hier eine Rolle.

Mein Tipp!

Entscheidend wird regelmäßig sein, wie sehr Nachbarn durch das Grillen beeinträchtigt werden. Wer sich also fragt, wie oft und intensiv er grillen darf, der ist gut beraten, wenn er sich einfach ansieht, wie nah die Nachbarn überhaupt dem Grill kommen. Je näher die Nachbarn zum Grill sind und je mehr sie daher durch Rauch und Geruch belästigt werden, desto problematischer wird das Grillen natürlich werden und desto mehr Rücksicht sollte ich nehmen.

Darf mein Vermieter mir verbieten, einen Untermieter zu haben?

Worum geht es?

Nicht immer ist die Zukunft planbar. Auslandsaufenthalte oder auch ein längerer Aufenthalt in anderen Städten gehören heute oft zum Berufsleben dazu. Gerade wenn absehbar ist, dass ich nur eine überschaubare Zeit an einem anderen Ort verbringen werde, möchte ich nicht unbedingt meine Wohnung aufgeben. Die eigene Wohnung unterzuvermieten, kann hier eine Option sein, um nach der Rückkehr keine neue Wohnung suchen zu müssen. Ist aber überhaupt zulässig, dass ich meine gemietete Wohnung untervermiete?

Wie sieht es rechtlich aus?

Ähnlich wie das Arbeitsrecht schützt auch das Mietrecht in erster Linie den meistens schutzbedürftigeren Teil, also den Mieter. Zunächst kann man daher sagen, dass ein pauschales Verbot jeder Untervermietung nicht zulässig sein wird. Allerdings werde ich meinen Vermieter grundsätzlich um Erlaubnis fragen müssen, bevor ich einen Untermieter in die Wohnung aufnehme. Soweit ich aber nur einen Teil meiner gemieteten Wohnung aus gutem Grund, wie zum Beispiel bei einem längeren Auslandsaufenthalt, untervermieten möchte, stehen meine Chancen aber sehr gut. In einer solchen Konstellation werde ich möglicherweise sogar einen Anspruch darauf haben, dass mein Vermieter meinem Wunsch der Untervermietung zustimmt, wenn die Untervermietung nicht gerade unzumutbar für meinen Vermieter ist. Der Vermieter wird mir die Untervermietung also nur verbieten können, wenn er berechtigte Einwände hat. Lehnt mein Vermieter dagegen völlig grundlos die Untermieter ab, so kann dies möglicherweise sogar dazu führen, dass ich Schadensersatzansprüche gegenüber dem Vermieter geltend machen kann. Etwas anders sieht es allerdings aus, wenn ich meine ganze Wohnung untervermieten möchte. Hier kann der Vermieter tatsächlich entscheiden, ob er der Untervermietung zustimmt oder nicht. Auch ein Mietzuschlag von ca. 20 Prozent für die Untermiete kann durchaus okay sein.

Mein Tipp!

Wer seine Wohnung untervermieten möchte, sollte grundsätzlich die schriftliche Zustimmung des Vermieters einholen. Nicht außer Acht lassen sollte ich bei der Entscheidung, ob ich eine Untervermietung in Betracht ziehe, dass ich sodann gegenüber meinem Untermieter selbst in der Position des Vermieters sein werde. Dann habe ich auch viele mieterfreundliche Vorschriften zu beachten, die ich als Mieter bisher vielleicht nur positiv gesehen habe.

Darf der Vermieter Haustiere verbieten?

Worum geht es?

Haustiere können das Leben enorm bereichern. Egal ob Hund, Katze oder Hamster. Es stellt sich natürlich bei einer Mietwohnung die Frage, ob es denn zulässig ist, einfach den vierbeinigen neuen Mitbewohner einziehen zu lassen oder ob ich vorher den Vermieter um Erlaubnis bitten muss.

Wie sieht es rechtlich aus?

Natürlich scheint es für Vermieter einfach, Haustiere pauschal zu verbieten. Dies wird rechtlich aber so pauschal nicht möglich sein, denn es gibt bereits Rechtsprechung dazu, dass ein pauschales Verbot von Haustieren den Mieter unangemessen benachteiligen würde. Damit wäre also eine entsprechende Klausel im Mietvertrag unwirksam und würde dem Einzug des neuen Familienmitgliedes nicht entgegenstehen. Je gefährlicher und wilder ein Tier ist, desto eher kann aber die Haltung doch verboten werden. Es steht dann natürlich zu befürchten, dass das Tier möglicherweise Schäden an der Wohnung verursacht oder vielleicht auch die Nachbarn stört. Im Allgemeinen kann man sagen, dass, je kleiner das Haustier ist, ich desto eher gar keine Zustimmung des Vermieters benötigen werde. Kleintiere sind nach der Rechtsprechung grundsätzlich solche, die in geschlossenen Behältnissen gehalten werden können. Ein Hamster wird also auch ohne Erlaubnis des Vermieters einziehen dürfen. Bei größeren Tieren wie Hunden und Katzen wird es auf verschiedene Faktoren ankommen, insbesondere auch auf die Größe der Wohnung. Gerade in einem Mehrparteienhaus muss man auch berücksichtigen, inwieweit es zu einer Belästigung der anderen Mieter kommt. Bei Katzen wird man daher regelmäßig annehmen, dass die Haltung zum mietvertraglichen Gebrauch der Wohnung zählt und der Vermieter in der Regel zustimmen muss. Bei einem Hund muss man sich sicherlich den Einzelfall näher ansehen.

Mein Tipp!

Wer über die Anschaffung eines Haustieres nachdenkt, der sollte den Vermieter dabei nicht völlig außer Acht lassen. Bei Kleintieren wird dies in der Regel kein Problem sein. Je größer das Haustier sein soll, desto eher sollte ich die Anfrage bei dem Vermieter gut vorbereiten, mögliche Probleme direkt ansprechen und aufzeigen, warum der Vermieter sich keine Sorgen machen muss.

Wann muss ich als Mieter die Wohnung renovieren?

Worum geht es?

Spätestens vor dem Auszug stellt sich jeder die Frage, ob er seine Wohnung eigentlich renoviert zurückgeben muss. Einige haben vielleicht auch noch eine Art Staffelung im Kopf, wonach in regelmäßigen Abständen die Küche renoviert werden muss und in etwas größeren Abständen auch Wohn- und Schlafzimmer. Aber bin ich als Mieter tatsächlich verpflichtet, bei Auszug zu renovieren oder sogar möglicherweise während der Mietzeit?

Wie sieht es rechtlich aus?

Grundsätzlich zahle ich als Mieter die Miete für die Nutzung der Wohnung. Dass die Wohnung also bei Auszug nicht in einem neuen Zustand ist, habe ich gewissermaßen schon mit der Mietzahlung bezahlt. Sollte es daher keine anderweitige Regelung im Mietvertrag geben, dann muss ich die Wohnung bei Auszug also grundsätzlich weder renovieren noch streichen. Alle Mieter, die sich gerade freuen, muss ich allerdings jetzt vermutlich doch enttäuschen, denn in aller Regel gibt es sogenannte Renovierungsklauseln im Mietvertrag, die konkrete Vorgaben dazu machen, wann welches Zimmer gestrichen bzw. renoviert werden muss. Es stellt sich in einer derartigen Konstellation allerdings immer die Frage, ob die entsprechende Klausel im Mietvertrag überhaupt wirksam ist. Dazu gibt es auch sehr viele gerichtliche Entscheidungen. Zusammenfassend kann man wohl sagen, dass starre Renovierungsklauseln, die mir als Mieter auferlegen, Renovierungsarbeiten nach einer bestimmten Zeit durchzuführen, selbst wenn noch kein Bedarf dazu besteht, in der Regel unwirksam sind. Die typische Klausel »Der Mieter ist verpflichtet, Schönheitsreparaturen in der Küche sind spätestens alle drei Jahre, in Wohnräumen alle fünf Jahre und sonstigen Räumen alle sieben Jahre durchzuführen«, ist also unwirksam. Immer, wenn sich in Klauseln die Formulierung »spätestens« finden, spricht vieles für die Unwirksamkeit. Auch wenn die Fristen zu kurz bemessen sind, können Klauseln unwirksam sein. Ein flexibler, angemessener Fristenplan mit einer Staffelung von Fristen von fünf, acht und zehn Jahren sowie Formulierungen wie »im Allgemeinen« oder »nach Bedarf« ist dagegen in aller Regel wirksam.

Mein Tipp!

Bevor ich mir Gedanken darüber mache, beim Auszug umfangreiche Arbeiten vorzunehmen, sollte ich also unbedingt in den Mietvertrag sehen. Ist dort gar nichts geregelt, muss ich als Mieter auch gar nichts machen. Wer in seinem Mietvertrag dagegen bestimmte Renovierungsklauseln findet, der sollte sich genauer ansehen, ob diese Klauseln wirklich auf einen Renovierungsbedarf abstellen. Ist das nicht der Fall, ist die Klausel unzulässig und unwirksam.

Wann muss der Vermieter die Heizung einschalten?

Worum geht es?

Ich muss leider zugeben, dass ich eine richtige Frostbeule bin. Kaum wird es draußen kalt, zieht es mich ins Warme. Natürlich liebe ich es daher, wenn es zu Hause gemütlich warm ist. Aber natürlich ist das schwierig, wenn der Vermieter die Heizung noch gar nicht wieder angestellt hat. Ab wann habe ich eigentlich einen Anspruch darauf, dass der Vermieter die Heizung anstellt, und wie warm muss es in meiner Wohnung eigentlich mindestens werden?

Wie sieht es rechtlich aus?

Überraschenderweise gibt es kein Gesetz, das genau regelt, ab wann der Vermieter die Heizung wieder anstellen muss. Als Heizperiode gilt allgemein der Zeitraum von Oktober bis April. Hier lohnt sich aber auch der Blick in den Mietvertrag, denn hier kann auch ein konkreter Zeitraum der Heizperiode vertraglich ganz genau geregelt sein. Während der Heizperiode müssen Wohnungen geheizt werden können. Allerdings habe ich auch außerhalb der Heizperiode einen Anspruch darauf, dass die Heizung eingeschaltet wird, wenn die Außentemperaturen unter 16 Grad liegen bzw. länger als zwei Tage unter 18 Grad. Gerichte haben dabei auch entschieden, dass es innerhalb der Heizperiode möglich sein muss, tagsüber, also von sechs Uhr morgens bis 24 Uhr, mindestens 20 Grad bis 22 Grad zu erreichen. Das Badezimmer muss auf mindestens 22 Grad aufgeheizt werden können. Für Wohnzimmer und die Küche gelten jeweils 20 Grad. Im Schlafzimmer sind allerdings 18 Grad ausreichend. Die Raumtemperatur darf auch außerhalb der Heizsaison niemals unter 18 Grad fallen. Gerichte haben allerdings entschieden, dass es nachts auch mal kälter als 18 Grad sein darf.

Mein Tipp!

Ich als Frostbeule weiß, dass die gefühlte Temperatur nicht immer mit der tatsächlichen Temperatur übereinstimmt. Bevor ich mich also an meinen Vermieter wende, sollte ich die Temperatur tatsächlich messen. Werden die Mindesttemperaturen nicht erreicht, dann kann ich mich an den Vermieter wenden und Abhilfe verlangen. Geschieht nichts, kommt auch eine Mietminderung in Betracht. Sollte der Vermieter auf den Mietvertrag verweisen und darlegen, dass danach nur geringere Temperaturen erreicht werden müssen, kann ich freundlich, aber bestimmt erklären, dass durch den Mietvertrag keine niedrigeren Temperaturen festgelegt werden dürfen.

Nebenkosten: So kann ich Geld sparen!

Worum geht es?

Seitdem die Preise für Energie deutlich angestiegen sind, ist die Nebenkostenabrechnung für viele Mieter in den Fokus gerückt. Tatsächlich gibt es Tipps und Tricks, wie ich als Mieter möglicherweise um die Zahlung der Nebenkostenabrechnung drücken kann.

Wie sieht es rechtlich aus?

Ganz wichtig für mich als Mieter ist, dass der Vermieter nach Ablauf des Abrechnungszeitraums grundsätzlich nur zwölf Monate Zeit hat, die entsprechende Nebenkostenabrechnung zu erstellen. In aller Regel entspricht der Abrechnungszeitraum dem Kalenderjahr. Für das Kalenderjahr 2024 muss also die Abrechnung spätestens bis zum 31.12.2025 zugehen. Ist dies nicht der Fall, muss ich als Mieter die Nebenkostenabrechnung nicht begleichen. Zudem muss der Vermieter noch einige weitere Vorgaben beachten. Ein typischer formeller Fehler wäre auch, dass ein falscher Abrechnungszeitraum genannt wird oder der Verteilerschlüssel fehlt. Aber auch inhaltlich können sich Fehler einschleichen, wie falsche Angaben zur Wohnfläche. Ist die Abrechnung formell fehlerhaft, dann besteht tatsächlich keine Zahlungspflicht für den Mieter. Bei inhaltlichen Fehlern hingegen muss man widersprechen. Hierfür hat man grundsätzlich ein Jahr Zeit. Danach kann man keine Einwendungen mehr vorbringen, selbst wenn die Abrechnung falsch war.

Mein Tipp!

Hat mein Vermieter die Frist zur Erstellung der Nebenkostenabrechnung nicht eingehalten, sollte ich die Begleichung der Nebenkostenabrechnung direkt zurückweisen. Bei formellen Fehlern müsste ich ebenfalls gar nicht zahlen. Da die Abgrenzung zwischen formellen und inhaltlichen Fehlern oft aber nicht so einfach ist, sollte ich als Mieter einfach vorsorglich widersprechen und eben nur unter Vorbehalt zahlen. So droht mir keine Kündigung und ich kann die Abrechnung in Ruhe prüfen (lassen).

Plötzlich steigt der Strom- oder Gaspreis: Was kann ich machen?

Worum geht es?

Strom- und Gaspreise sind immer wieder Thema in der öffentlichen Diskussion. Als Verbraucher hinterfrage auch ich mehr und mehr, ob es möglicherweise nicht doch einen günstigeren Vertrag für mich gibt als meinen aktuellen Vertrag. Doch könnte ich meinen Strom- und Gasvertrag eigentlich überhaupt einfach so kündigen?

Wie sieht es rechtlich aus?

Man muss unterscheiden, wann der Vertrag abgeschlossen wurde. Verträge, die ab dem 01.03.2022 geschlossen wurden, können nach der Erstvertragslaufzeit von maximal zwei Jahren jederzeit mit einer Kündigungsfrist von maximal einem Monat gekündigt werden. Hatte ich also ab 01.05.2022 einen neuen Vertrag abgeschlossen, dann lief dieser maximal über 24 Monate bis zum 30.04.2024. Seit diesem Zeitpunkt kann ich meinen Vertrag jederzeit mit einer Kündigungsfrist von maximal einem Monat kündigen. Anders sieht es bei Verträgen aus, die vorher abgeschlossen wurden. Hier ist noch immer eine automatische Verlängerung von bis zu einem Jahr zulässig. Die Kündigungsfrist kann hier mit drei Monaten zum Ende der ursprünglichen Vertragslaufzeit auch recht lang sein. Hier muss ich ganz genau prüfen, wann mein Vertrag ausläuft, und mit hinreichendem Vorlauf kündigen. Neben diesen regulären Kündigungsfristen gibt es auch ein gesetzliches Sonderkündigungsrecht insbesondere bei Preisänderungen und Änderungen der Vertragsbedingungen. Auf Preisänderung und Änderungen der Vertragsbedingungen muss der Energieversorger einen Monat vor geplanter Änderung grundsätzlich hinweisen. Bei der Grundversorgung muss die Änderung öffentlich bekannt gegeben werden und ist jedem Kunden sechs Wochen vorher per Brief mitzuteilen. Der Energielieferant muss dann auch auf das Sonderkündigungsrecht hinweisen, ansonsten ist die Preiserhöhung unwirksam.

Mein Tipp!

Wer kündigen will, sollte tatsächlich auf eine Preiserhöhung hoffen und bei der Information über Preisänderungen oder Änderungen der Vertragsbedingungen sofort kündigen. Es gibt dann zwar keine eigentliche Frist, aber die Kündigung muss zum Inkrafttreten der Änderung vorliegen. Somit ist es sinnvoll, sofort zu handeln und per Einschreiben die Kündigung zu erklären. Ähnlich sieht es bei Altverträgen aus, bei denen zum Teil schwer festzustellen ist, wann mein Vertrag wirklich beendet werden kann. Wer sicher wechseln will, kündigt »zum nächstmöglichen Zeitpunkt«.

Was passiert mit meinen Gas- und Stromverträgen, wenn ich umziehe?

Worum geht es?

Jeder, der schon einmal umgezogen ist, weiß, dass mit einem Umzug viel Papierkram verbunden ist. Es sind viele Verträge umzuschreiben, zu kündigen und neue Verträge abzuschließen. Aber kann ich einen Umzug vielleicht auch nutzen, um aus einem unliebsamen Vertrag zu kommen? Wäre es also möglich, aufgrund des Umzugs meinen Strom- und Gasvertrag zu kündigen und mir einen günstigeren Anbieter zu suchen?

Wie sieht es rechtlich aus?

Grundsätzlich kann auch bei einem Umzug Sonderkündigungsrecht für den Strom- und Gasvertrag bestehen. Dies ist auch gesetzlich so geregelt. Die Kündigungsfrist beträgt nach dem Gesetz bei einem Umzug sechs Wochen, also muss man spätestens sechs Wochen vor dem Umzugstag kündigen. Die Kündigung geht allerdings ins Leere, wenn der Lieferant sodann innerhalb von zwei Wochen nach der Kündigung mitteilt, dass er den Vertrag auch an meinem neuen Wohnsitz zu gleichen Konditionen anbietet.

Mein Tipp!

Die gesetzlichen Regelungen sind sehr eindeutig, aber möglicherweise ist es einen Versuch wert. Nach der Kündigung ist schließlich der Lieferant verpflichtet, innerhalb von zwei Wochen mitzuteilen, ob der Dienst auch am neuen Wohnsitz zu den gleichen Konditionen angeboten wird. Sollte man in einer solchen Konstellation also eine Kündigung aussprechen, ist aber jedenfalls das Risiko gering. Im schlimmsten Fall bleibt einfach alles so, wie es ist.

Kündigungen wegen Eigenbedarf: Wann ist das zulässig?

Worum geht es?

In Deutschland ist das Mietrecht sehr mieterfreundlich. Einen Mieter zu kündigen, ist oft gar nicht so einfach. Eine der wenigen zulässigen Möglichkeiten, wirksam eine Kündigung auszusprechen, gibt es, wenn Eigenbedarf besteht. Aber wann sind diese Voraussetzungen eigentlich genau gegeben?

Wie sieht es rechtlich aus?

Als Mieter darf der Vermieter mir grundsätzlich nur ordentlich kündigen, wenn ich vertragliche Pflichten nicht unerheblich verletzt habe, mein Vermieter ansonsten sein Grundstück nicht angemessen wirtschaftlich nutzen kann oder Eigenbedarf besteht. Eigenbedarf heißt dabei, dass der Vermieter die Wohnung für sich selbst bzw. seine Familie benötigt. Gemeint sind damit wirklich nahe (!) Angehörige wie Kinder, Eltern, Enkel, Großeltern, Geschwister, Nichten und Neffen. Bei der Eigenbedarfskündigung muss der Vermieter ein berechtigtes Interesse darlegen, also wer genau die Wohnung aus der Verwandtschaft benötigt und warum. Ganz wichtig ist dabei, dass bei der Begründung nicht nachgearbeitet werden kann. Ist also die Eigenbedarfskündigung einmal begründet, können keine Gründe nachgeschoben werden. Ob die Gründe tragfähig sind, wird im Zweifel ein Gericht entscheiden, denn ggf. muss der Vermieter auf Räumung klagen und das Gericht wird dann überprüfen, ob wirklich Eigenbedarf besteht. Als Mieter kann ich der Kündigung zudem wegen sozialer Härte widersprechen. Auch dies wird das Gericht natürlich prüfen müssen.

Mein Tipp!

Auch die Eigenbedarfskündigung ist für den Vermieter nicht ganz leicht durchzusetzen. Hier wird auch die Begründung immer eine wichtige Rolle spielen. Diese sollte ich mir somit als Mieter sehr genau durchsehen und danach entscheiden, ob ich die Kündigung so akzeptiere oder gerichtlich klären lasse. Natürlich kann ich auch immer das Gespräch mit dem Vermieter suchen. Vielleicht findet man eine Lösung, mit der beide Seiten gut leben können.

Darf ich immer einen Nachmieter stellen?

Worum geht es?

Im Leben gibt es immer mal wieder auch sehr kurzfristig Veränderungen. Das Gesetz sieht aber auch, dass möglicherweise eine Seite Interesse an einer sehr baldigen Beendigung eines Vertragsverhältnisses hat, weil sich die persönliche Situation geändert hat, aber die andere Seite Zeit haben muss, sich darauf einzustellen. Entsprechend sind für viele Vertragsverhältnisse Kündigungsfristen vorgesehen. Kann ich aber vielleicht mein Mietverhältnis als Mieter früher und schneller beenden, wenn ich einen Nachmieter stellen kann?

Wie sieht es rechtlich aus?

Im Mietrecht ist für Mieter grundsätzlich die Kündigungsfrist von drei Monaten vorgeschrieben. Die Dauer des Mietverhältnisses spielt dabei keine Rolle. Immer wieder hört man, dass ich als Mieter ein Mietverhältnis auch dadurch beenden kann, dass ich dem Vermieter drei geeignete Nachmieter liefere. Dies ist unter Umständen dann möglich, wenn eine entsprechende Klausel im Mietvertrag einen solchen Weg explizit vorsieht. Selbst dann kann aber mein Vermieter unter Umständen Nachmieter ablehnen, wenn die von mir vorgeschlagenen Nachmieter nicht bestimmte vorgeschriebene Kriterien erfüllen. Jeder Vermieter kann sich seine Mieter selbstverständlich frei aussuchen. Wie ich als Mieter hat auch der Vermieter das Recht, auf die Einhaltung der Kündigungsfristen zu bestehen. Er muss also nicht beliebige vom Mieter vorgestellte Nachmieter akzeptieren.

Mein Tipp!

Manchmal hilft ein Blick in den Mietvertrag. Möglicherweise regelt der Mietvertrag zu meinen Gunsten eine kürzere Kündigungsfrist als drei Monate. Vielleicht besteht das Recht zu einer außerordentlichen Kündigung oder mein Vermieter ist auch mit einer kürzeren Frist einverstanden. Natürlich ist es zudem immer möglich und oft nur zu empfehlen, sich mit dem Vermieter abzusprechen. Wenn ich die genauen Vorstellungen des Vermieters zu einem Nachmieter kenne, dann klappt es vielleicht doch, einen Nachmieter zu stellen.

Kann ich den Mietvertrag per E-Mail kündigen?

Worum geht es?

Einen »echten« Brief zu schreiben, ist heute mehr als ungewöhnlich. Inzwischen schreiben wir WhatsApp-Nachrichten oder E-Mails. Das ist deutlich einfacher und natürlich auch deutlich schneller. Aber ist es auch zulässig, den Wohnraummietvertrag einfach per E-Mail zu kündigen?

Wie sieht es rechtlich aus?

Leider bleibt das Gesetz in vielen Fällen hinter der digitalen Entwicklung zurück. Auch bei der Kündigung eines Mietverhältnisses ist grundsätzlich die Schriftform erforderlich. Dies gilt sowohl für den Mieter wie auch für die Vermieterseite. Grundsätzlich wäre daher ein Brief mit eigenständiger Namensunterschrift erforderlich. Um hier der Digitalisierung aber wenigstens in Grundzügen Rechnung zu tragen, regelt das Gesetz, dass es möglich ist, die gesetzlich vorgeschriebene schriftliche Form durch die elektronische Form zu ersetzen. Dann muss ich als Aussteller der Erklärung dieser meinen Namen hinzufügen und das elektronische Dokument mit meiner qualifizierten elektronischen Signatur versehen. Mit einer qualifizierten elektronischen Signatur ist also grundsätzlich auch eine Kündigung möglich. Dies bedeutet aber auch, eine mündliche Kündigung, eine Kündigung per WhatsApp oder einfach per E-Mail wäre unwirksam.

Mein Tipp!

Tatsächlich schreibt das deutsche Recht in einigen Fällen noch immer die Schriftform vor, also den Brief mit Unterschrift. Es hilft in einer solchen Konstellation auch nicht, wenn man sich im gegenseitigen Einvernehmen darauf verständigt, dass im konkreten Vertragsverhältnis die Kündigung per E-Mail ausreichen soll. Tatsächlich wäre eine solche Vereinbarung, obwohl explizit im gegenseitigen Einverständnis getroffen, unwirksam. Wer also wichtige Verträge kündigen möchte, der sollte grundsätzlich im Zweifel wieder zu einem guten alten Brief mit Unterschrift zurückkehren. Parallel eine E-Mail dazu zu schreiben, schadet nicht, würde aber vielleicht eben bei einer Kündigung des Mietverhältnisses nicht den gewünschten Effekt mit sich bringen.

10. Kapitel:

Nachbarn

Wie viel Rücksicht
muss ich nehmen?

Wie laut dürfen meine Nachbarn sein?

Worum geht es?

Das menschliche Miteinander ist nicht immer ganz leicht. Der eine Nachbar möchte Musik hören, der andere seine Ruhe. Kinder sind beim Spiel manchmal laut, was andere beim Mittagsschlaf stört. Der Lärm des Stadtfestes stört die einen, während Langschläfer sich fragen, ob es eigentlich sein muss, dass sie jeden Morgen vom Hahn des Nachbarn geweckt werden. Und so mancher fragt sich, ob es denn zulässig sein kann, den ganzen Tag den Laubbläser zu nutzen. Wie viel Rücksicht muss ich also selbst nehmen und was muss ich auf der anderen Seite tolerieren?

Wie sieht es rechtlich aus?

Rechtlich ist Lärm tatsächlich nicht gleich Lärm. Kinderspielen gilt beispielsweise grundsätzlich nicht als Lärm, auch wenn es natürlich manchmal lauter wird. Gesetze und Gerichte sehen darin aber keine schädliche Umwelteinwirkung, sondern Ausdruck der kindlichen Entfaltung. Selbst nach dem Bundesgerichtshof ist auch in den Ruhezeiten Kinderlärm grundsätzlich erlaubt. Natürlich gibt es aber auch hier irgendwann eine Grenze. Wenn Kinder spätabends noch toben, wurde gerichtlich entschieden, dass dies zu weit geht. Zwar sind die Regelungen zu Lärm in den einzelnen Bundesländern etwas unterschiedlich, aber in aller Regel kann man sagen, dass ab 22 Uhr bis sechs Uhr die Nachtruhe gilt. Auch Sonn- und Feiertage gelten als Ruhezeit. Geräusche sind in diesen Zeiträumen auf Zimmerlautstärke zu begrenzen. Während des Tages kann daher auch das Musizieren über zwei bis drei Stunden je nach Einzelfall durchaus zulässig sein, aber die Ruhezeiten müssen eingehalten werden. Auch an den Wochenenden und in der Mittagszeit von 13 bis 15 Uhr bin ich häufig über die Hausordnung vor Lärm geschützt. Im Grundsatz kann man sich merken: Je lauter es wird, desto eher sollte ich überlegen, ob ich möglicherweise innerhalb einer Ruhezeit störe. So ist bei regelmäßig sehr lauten Laubbläsern eine Nutzung grundsätzlich nur an Werktagen zwischen 9 und 13 Uhr sowie zwischen 15 und 17 Uhr zulässig. Da Rasenmäher oft leiser sind, wird bei den meisten Mähern eine Nutzung zwischen sieben bis 20 Uhr an Werktagen zulässig sein. Bei einem einmaligen Ereignis wie Stadtfesten sehen Gerichte eine großzügigere Handhabung der Richtwerte geboten und halten eine Überschreitung der eigentlichen Grenzwerte im Einzelfall für gerechtfertigt. In welchem Umfang Lärmbeeinträchtigungen als zulässig angesehen werden, ist aber weitgehend eine Frage des Einzelfalls. So geht die Rechtsprechung grundsätzlich davon aus, dass, je gewichtiger der Anlass für die Gemeinde oder Stadt ist, desto eher der Nachbarschaft an wenigen Tagen im Jahr auch Ruhestörungen zuzumuten sind. Natürlich muss aber nicht jegliche Lärmeinwirkung hingenommen werden. Es wird immer auf das nach dem Empfinden eines verständigen Durchschnittsmenschen zumutbare Maß abgestellt, was natürlich ein ziemlich weites Feld sein kann. Der Bundesgerichtshof ist aber insgesamt recht großzügig und hat 70 Dezibel (A) mit einer Geräuschspitze von 90 Dezibel (A) bis 24 Uhr als zumutbar angesehen. Um eine ausreichende Nachtruhe zu ermöglichen, musste sodann aber auch von Mitternacht bis acht Uhr des folgenden Tages der Beurteilungspegel von 55 Dezibel (A) eingehalten werden. Grundsätzlich sind auch bei Gaststätten die Ruhezeiten einzuhalten. Diese sind aber in manchen Bundesländern zugunsten der Gaststätten etwas verkürzt. Auch die Wohnlage spielt eine Rolle bei der Frage, wie laut es werden darf und was als zulässig erachtet wird. So sind die Vorgaben zu Kurgebieten deutlich strenger als für »urbane Gebiete« und auf dem Land werde ich den Hahn eher erdulden müssen als in der Stadt. Die Nachtruhe wird aber im Zweifel auch der Hahn einhalten müssen, sodass ein schallisolierter Stall erforderlich werden kann.

Mein Tipp!

In den allermeisten Fällen wird man bei einer Lärmbelästigung die gegenseitigen Interessen abwägen müssen. Genauere Vorgaben gibt es allerdings meistens bei der Nutzung von Maschinen. Hier lohnt es sich, zu recherchieren, was vorgeschrieben ist. Bevor man also ein neues Gerät anschafft, wie beispielsweise gerade aktuell eine Wärmepumpe, sollte man sich genau informieren, ob die vorgeschriebenen Werte eingehalten werden und kein Ärger mit den Nachbarn droht.

Einen Bauern zum Nachbarn: Was muss man hinnehmen?

Worum geht es?

Wer auf dem Land lebt, der weiß, dass dies nicht unbedingt immer bedeutet, dass es dort leiser ist als in der Stadt. Insbesondere Bauern sind zum Teil tag- und nachtaktiv, sodass ich mich als Nachbar vielleicht frage, ob das denn alles so zulässig sein kann.

Wie sieht es rechtlich aus?

Man muss tatsächlich sagen, dass Bauern insgesamt sehr viele Sonderrechte genießen. So sind beispielsweise in Nordrhein-Westfalen sogar Ernte- und Bestellarbeiten zwischen 23 und fünf Uhr erlaubt, obwohl natürlich eigentlich regelmäßig zwischen 20 Uhr und sechs Uhr die Nachtruhe gilt, also eigentlich nichts lauter sein sollte als Zimmerlautstärke. Neben diesen ohnehin bestehenden gesetzlichen Ausnahmen haben Landwirte zudem noch die Möglichkeit, eine Ausnahmegenehmigung einzuholen, um auch nachts arbeiten zu dürfen. Selbst an Feiertagen sind in Nordrhein-Westfalen für Bauern unaufschiebbare Arbeiten zulässig. Natürlich sind dies alles Ausnahmeregelungen, die immer auch an bestimmte Vorgaben geknüpft sind. Im Zweifel muss man sich also sehr genau ansehen, wie sich die Sachlage genau darstellt.

Mein Tipp!

Auch ein Bauer darf nicht einfach so innerhalb der Ruhezeiten Lärm verursachen, aber als Nachbar werde ich einiges hinnehmen müssen. Im Streitfall kommt es auf den Einzelfall an. Selbst wenn die Fakten auf dem Tisch liegen, wird der Richter oft noch einigen Entscheidungsspielraum haben. Für beide Seiten ist der Ausgang eines gerichtlichen Verfahrens daher schwer abzuschätzen. Es lohnt sich also, mehr das Gespräch zu suchen, als gerichtlich vorzugehen.

Die Nachbarhecke wuchert: Wann darf ich zur Heckenschere greifen?

Worum geht es?

Die Hecke des Nachbarn wuchert immer mehr auf mein Grundstück oder durch den stark gewachsenen Baum auf der anderen Seite des Zauns gibt es in meinem Garten eigentlich nur noch Schatten. Es gibt gute Gründe, darüber nachzudenken, wie hoch eigentlich ein Baum beim Nachbarn sein darf und ob nicht eine Hecke vielleicht auch nur in einem bestimmten Abstand zum Grundstück gepflanzt werden darf. Gibt es überhaupt konkrete Regelungen dazu?

Wie sieht es rechtlich aus?

Tatsächlich gibt es einige rechtliche Regelungen. Welche Heckenhöhen und Abstandsflächen zulässig sind, regelt das Landesrecht des jeweiligen Bundeslandes. Selbst innerhalb eines Bundeslandes können aber Bebauungsplänen der Städte und Gemeinden noch Sonderregelungen enthalten. Leider kann man daher nicht pauschal sagen, was genau gilt. Man kann sich aber vielleicht ganz gut merken, dass, je höher die Hecke ist, desto mehr Abstand zum Nachbarn erforderlich sein wird. In manchen Bundesländern gibt es sogar Regeln, die eine sogenannte 1-Drittel-Regelung vorsieht. Danach muss also mindestens ein Drittel Abstand im Verhältnis zu Höhe vorliegen. Bei Bauwerken bin ich mit einem Abstand von wenigstens drei Metern zur Grenze in der Regel gut beraten. Jedenfalls sollte ich nicht sofort selbst zur Schere greifen, um den Baum oder die Hecke des Nachbarn zu stutzen, sondern erst einmal den Nachbarn mit einer angemessen Frist dazu auffordern. Tatsächlich darf ich selbst zur Heckenschere greifen, wenn der Nachbar dies dann immer noch nicht erledigt und die Zweige unter Umständen so weit auf das mein Grundstück ragen, dass die Benutzung beeinträchtigt wird.

Mein Tipp!

Gerade wenn die Fronten bereits etwas verhärtet sind und ich fürchte, dass es Ärger geben könnte, sollte man sich besser schriftlich an den Nachbarn wenden und ihm eine Frist zur Beseitigung setzen. Ein guter Tipp ist sicherlich auch, nicht zu lange zu warten, wenn es darum geht, dass eine Hecke oder ein Baum höher gewachsen ist als eigentlich zulässig. Wer nämlich nicht aktiv wird, bei dem droht das Recht auf Beseitigung bzw. Rückschnitt zu erlöschen. Auch hier regeln die einzelnen Bundesländer, wie viel Zeit man konkret hat.

Darf ich in meinem Garten Cannabis anpflanzen?

Worum geht es?

Die Teillegalisierung von Cannabis betraf nicht nur den Konsum, sondern auch den Anbau von Cannabis. Es gibt daher natürlich noch viele Fragen. Darf ich zukünftig also neben Salat und Karotten in meinem Garten auch einfach so Cannabispflanzen züchten oder gibt es diesbezüglich vielleicht doch irgendwelche Einschränkungen?

Wie sieht es rechtlich aus?

Seit dem 01.04.2024 ist volljährigen Personen grundsätzlich auch der private Eigenanbau von Cannabis am Wohnsitz oder ihrem gewöhnlichen Aufenthaltsort erlaubt. Allerdings ist dies beschränkt auf insgesamt nicht mehr als drei Cannabispflanzen pro Erwachsenem. Zudem sind geeignete Maßnahmen und Sicherheitsvorkehrungen vor dem Zugriff durch Dritte, insbesondere Kinder und Jugendliche, zu treffen. Grundsätzlich wäre daher der Anbau auf dem eigenen Balkon oder der Terrasse zulässig, wenn sichergestellt ist, dass Kinder keinen Zugriff haben. Ob hinreichende Maßnahmen getroffen wurden, wird im Zweifel ein Gericht entscheiden. Bei einem Verstoß droht allerdings auch hier eine Geldbuße von bis zu 30.000 Euro. Etwas komplizierter wird es, wenn man gemeinschaftlich mit anderen Cannabis anbauen und dies zum Eigenkonsum an die entsprechenden Mitglieder weitergeben möchte. Dann braucht man nämlich eine behördliche Erlaubnis.

Mein Tipp!

Wenn ich mich an die vorgeschriebene Menge halte, dürfte es recht unproblematisch sein, Cannabis in meinem eigenen Garten anzubauen, solange ich dies nicht gemeinschaftlich mit anderen machen möchte. Unklar ist leider noch, was genau geeignete Maßnahmen und Sicherheitsvorkehrungen sind, mit denen ich Cannabis vor dem Zugriff durch Dritte schütze. Dies werden zukünftig wohl auch im Einzelfall die Gerichte entscheiden müssen. Sobald dazu die ersten Entscheidungen gefällt wurden, wird man aber immerhin sagen können, welchem Umfang ungefähr derartige Sicherheitsvorkehrungen haben müssen. Da das Gesetz doch relativ umstritten war, sollte ich aktuell noch eher höhere Anforderungen erfüllen, um Ärger zu vermeiden.

Nackt im Garten sonnen: Darf ich das?

Worum geht es?

Wenn es wärmer wird, dann sind wir natürlich alle gerne draußen. Egal ob im (aufblasbaren) Pool oder einfach auf dem Balkon, stellt sich da durchaus die Frage, wie freizügig es denn sein darf. Ist es okay, mich vielleicht auch ganz ohne Kleidung zu sonnen?

Wie sieht es rechtlich aus?

Grundsätzlich darf ich im eigenen Garten oder auf dem meinem Balkon erst einmal machen, was ich möchte. Wie üblich findet aber die freie Entfaltung der Persönlichkeit dort ihre Grenzen, wo andere sich gestört fühlen. Wenn ich mich also gut sichtbar für alle Nachbarn nackt im Garten oder auf dem Balkon sonne, könnte dies als Belästigung der Allgemeinheit angesehen werden und ein Bußgeld oder mietrechtliche Konsequenzen drohen. Anders sieht es aus, wenn mein Garten oder Balkon von einer großen Hecke umgeben ist.

Mein Tipp!

Solange sich niemand beschwert, wird es kein Problem sein, nackt zu baden oder sich zu sonnen. Gerade wenn wirklich viele Nachbarn einen freien Blick haben, kann mir hier aber Ärger drohen. Wer gerne nackt bleiben möchte, aber Ärger vermeiden will, der kann in vielen Fällen leicht mit einem Sichtschutz Abhilfe schaffen.

Wer muss eigentlich das Laub entsorgen?

Worum geht es?

Während sich die einen über das bunte Laub im Herbst freuen, stehen die anderen vor einem riesigen Laubhaufen und fragen sich, wer eigentlich für die Beseitigung des Laubs verantwortlich ist. Gerade in Verbindung mit Nässe kann es aber durchaus gefährlich werden. Sollte sich jemand verletzen, stellt sich auch schnell die Frage nach der Haftung. Wer also muss das Laub beseitigen? Trifft es denjenigen, der Eigentümer des Baumes ist?

Wie sieht es rechtlich aus?

Grundsätzlich ist immer der Grundstückseigentümer zuständig, bei dem sich das Laub sammelt, also auch die Gefahr für Unfälle entsteht. An vielen Stellen wäre daher eigentlich wohl die entsprechende Gemeinde zuständig. Praktisch ist es aber häufig so, dass Gemeinden die entsprechende Pflicht auf die Eigentümer der angrenzenden Grundstücke abwälzen, sodass ich als Eigentümer nicht nur für das eigene Grundstück zuständig bin, sondern eben auch für den Teil, den die Gemeinde auf mich abgewälzt hat. Ähnlich gehen übrigens auch viele Vermieter vor. Damit der Mieter allerdings zuständig ist, muss dies auch explizit im Vertrag geregelt sein. Wer auf die Idee kommt, das Laub einfach zum Nachbarn zurückzuwerfen, den muss ich leider enttäuschen. Neben Bußgeldern droht hier auch Ärger vom Nachbarn. Dieser könnte sogar auf Unterlassung klagen. Irgendwo muss das Laub aber natürlich entsorgt werden. Eine klare Absage muss ich dabei auch der Idee erteilen, das Laub einfach in den Wald zu bringen. Bußgelder in diesem Bereich können wirklich exorbitant sein. In Brandenburg drohen beispielsweise bis zu 20.000 Euro.

Mein Tipp!

Wenn ich dazu verpflichtet bin, das Laub zu beseitigen, sollte ich meine Verkehrssicherungspflichten auch wirklich ernst nehmen, ansonsten drohen Bußgelder sowie Schadensersatz- und auch Schmerzensgeldansprüche. Je nachdem, wie schwer sich jemand verletzt, muss ich im schlimmsten Fall lebenslange Rentenzahlungen leisten.

Kameraüberwachung: Was ist zulässig?

Worum geht es?

Webcams zu installieren, ist inzwischen denkbar einfach. Egal ob gekoppelt mit der Klingel oder als kleine Kamera über dem Eingang, im Garten oder auch in der Wohnung: Heute ist alles technisch leicht umsetzbar. Bedeutet das aber auch, dass diese technischen Möglichkeiten auch rechtlich zulässig sind?

Wie sieht es rechtlich aus?

Grundsätzlich hat in Deutschland jeder das Recht, sich in der Öffentlichkeit frei und ohne Überwachung zu bewegen. Aus dem allgemeinen Persönlichkeitsrecht und dem Recht am eigenen Bild ergibt sich, dass ich für Aufnahmen von Personen grundsätzlich deren Einwilligung benötige. Diese Regelung betrifft allerdings erst einmal nur den öffentlichen Raum. In meinen eigenen vier Wänden bzw. auf meinem eigenen Grundstück habe ich das Hausrecht, sodass auch das Aufhängen von Kameras grundsätzlich zulässig ist, wenn ich meine Besucher mit sprechenden Hinweisschildern auf die Kameraaufnahmen hinweise. Auch eine Klingelkamera kann in Ordnung sein, insbesondere, wenn das Bild nur kurz übertragen wird. Eine Überwachung des öffentlichen Raums kann ausnahmsweise zulässig sein, wenn beispielsweise mein Wagen direkt vor dem Haus wiederholt im öffentlichen Raum beschädigt wurde. Hintergrund ist, dass hier auch von Gerichten immer eine Abwägung der Interessen vorgenommen wird und abgewogen wird, ob meine Interessen an den Aufnahmen überwiegt oder das entgegenstehende Interesse der aufgenommen Personen. Berücksichtigt wird auch, ob die Videoüberwachung zur Zweckerreichung überhaupt erforderlich und geeignet ist. In diesem Zusammenhang würde beispielsweise problematisiert, ob es erforderlich ist, jeden Tag und rund um die Uhr die Videoaufzeichnung vorzunehmen. Auch die Speicherdauer kann berücksichtigt werden. Es stellt sich zudem immer die Frage, ob es nicht ein milderes Mittel gibt, bei dem keine Daten erfasst werden müssen. Selbst die Attrappe einer Kamera kann aber unzulässig sein, wenn der Eindruck der Überwachung des Nachbargrundstücks oder öffentlichen Bereichs entsteht.

Mein Tipp!

Auch wenn die rechtliche Situation in Bezug auf Kameras nicht gerade übersichtlich und eindeutig ist, sollte ich versuchen, mich bestmöglich zu informieren. Wenn ich mich hier nämlich nicht an die Regeln halte, drohen mir schnell Ansprüchen auf Unterlassung, Schadensersatz oder Schmerzensgeld vonseiten der gefilmten Personen. Auch Bußgelder vonseiten der Datenschutzbehörden sind möglich. Ich sollte daher wirklich gut überlegen, ob ich die Installation einer Kamera überhaupt für notwendig erachte und den Einsatz nur auf genau diesen Einsatzbereich beschränken und von einer Überwachung des öffentlichen Bereiches grundsätzlich absehen. Wenn ich mich für eine Kamera zur Überwachung des eigenen Grundstücks entscheide, muss ich auf jeden Fall deutlich auf die Überwachung hinweisen. Hierzu gibt es sehr gute Hilfen und Vordrucke von staatlicher Seite, konkret von dem Landesbeauftragten für den Datenschutz.

Drohne nervt: Darf ich sie abschießen?

Worum geht es?

Drohnen sind sehr beliebt. Während die einen sich aber über die besondere Perspektive freuen, ärgern sich die anderen darüber, dass sie sich durch das Geräusch der Drohne gestört fühlen, und sehen einen Eingriff in ihre Privatsphäre, wenn die Drohne über ihr Grundstück fliegt. Aber wie sieht es rechtlich aus? Was ist eigentlich zulässig?

Wie sieht es rechtlich aus?

Inzwischen ist tatsächlich sogar EU-weit einiges rechtlich geregelt, was die Nutzung von Drohnen angeht. So ist es inzwischen möglich, einen Drohnenführerschein zu machen. Eine grundsätzliche Pflicht zu diesem Führerschein besteht aber nicht. Allerdings muss jeder, der eine Drohne aufsteigen lässt, eine spezielle Haftpflichtversicherung vorweisen können. Drohnen ab einem Gewicht von 250 Gramm müssen zudem registriert werden. Dies gilt auch für leichtere Drohnen, wenn sie mit einer Kamera ausgestattet sind. Die maximale Flughöhe darf grundsätzlich 120 Meter nicht überschreiten und die Drohne muss während des Fluges immer in Sichtweite des Piloten bleiben. Bei Nachtflügen sind Drohnen mit ausreichend Licht auszustatten. Zudem sollte ich unbedingt beachten, ob es überhaupt zulässig ist, in dem entsprechenden Gebiet mit einer Drohne zu fliegen. Natürlich ist immer auch die Privatsphäre anderer zu gewährleisten. Gerichte sind hier nicht sehr drohnenfreundlich. So wurde es von einem Amtsgericht tatsächlich sogar schon einmal als zulässig erachtet, eine Drohne vom Himmel zu schießen. Zuvor hatte die Drohne allerdings die Familienmitglieder des Schützen verfolgt. Auch auf lautes Rufen hin hatte sich der Pilot nicht zu erkennen gegeben und ließ sich auch nicht vertreiben.

Mein Tipp!

Wer ernsthaftes Interesse am Fliegen einer Drohne hat, der sollte den sogenannten kleinen Drohnenführerschein beim Luftfahrt-Bundesamt absolvieren. Dies ist komplett online möglich und vermittelt das erforderliche Basiswissen. Auch die Kosten dafür sind überschaubar und können deutlich größeren Ärger in Form von Bußgeldern oder sogar möglichen Schadensersatzforderungen vermeiden. Ich wäre trotz der Entscheidung des Amtsgerichts vorsichtig damit, eine Drohne abzuschießen. Dies dürfte doch eher ein Ausnahmefall sein.

Katze macht ihr Geschäft in Nachbars Garten: Und nun?

Worum geht es?

Seit einigen Wochen habe ich eine Katze, genauer gesagt eigentlich einen Kater. Oskar ist ein Freigänger und gehörte eigentlich den Nachbarn. Als diese weggezogen sind, habe ich den Kater übernommen und mit dem Kater wohl auch den Ärger, den das Tier schon verursacht hat, denn Oskar macht wohl besonders gerne in den Garten von einem anderen Nachbarn, sehr zu dessen Leidwesen. Der meldete sich nun auch direkt mit seinen Beschwerden bei mir. Natürlich ist es schwierig, einem frei laufenden Kater den Ort seines Geschäfts vorzuschreiben, aber bin ich vielleicht rechtlich dennoch in der Pflicht?

Wie sieht es rechtlich aus?

Zu Katzen in Nachbars Garten gibt es tatsächlich eine Menge Gerichtsurteile! Zusammenfassend kann man sagen, dass man in gewissem Umfang grundsätzlich auch Katzenkot durch Nachbars Katze erdulden muss. Allerdings gibt es auch hier Grenzen. So hat ein Gericht entschieden, dass der »Besuch« von drei bis fünf Katzen nicht geduldet werden muss, aber wenn es nur zwei Katzen sind, muss es der Nachbar hinnehmen. Verursachen die Katzen allerdings einen Schaden in Nachbarsgarten, wird der Katzenhalter diesen Schaden grundsätzlich ersetzen müssen.

Mein Tipp!

Auch wenn jeder Nachbar wohl rechtlich gesehen eine Katze dulden muss, kann ich verstehen, wenn mein Nachbar sich ärgert. Gerade wenn es viele Urteile in einem Bereich gibt, zeigt dies auch das ziemlich große Konfliktpotenzial. Ich möchte einen Rechtsstreit mit meinen Nachbarn vermeiden, egal, wie gut meine Erfolgsaussichten sind. Ich werde ihm daher vorschlagen, ein paar Blumen für seinen Garten zu kaufen, die mein Kater geruchlich gar nicht mag und um die er daher einen großen Bogen macht.

Muss ich für meinen Nachbarn Pakete annehmen?

Worum geht es?

Das gelegentliche Annehmen von Paketen gehört in einer funktionierenden Nachbarschaft sicherlich zum guten Ton. Allerdings kann es natürlich manchmal ganz schön viel werden, gerade wenn mehrere Parteien im Haus leben und man für alle die Pakete annehmen soll. Aber bin ich eigentlich dazu verpflichtet, Pakete für meinen Nachbarn anzunehmen, und sind damit möglicherweise auch Risiken verbunden?

Wie sieht es rechtlich aus?

Auch als Nachbar bin ich nicht verpflichtet, ein Paket für meine Nachbarn anzunehmen. Wenn ich dies mache, geschieht es nur aus reiner Gefälligkeit. Entsprechend hafte ich auch deutlich reduzierter. Wer schon so nett ist, ein Paket anzunehmen, haftet nur dann, wenn er vorsätzlich einen Schaden verursacht oder nicht die in eigenen Angelegenheiten übliche Sorgfalt an den Tag legt, also grob fahrlässig handelt. Es kann allerdings Probleme geben, wenn ich für meinen Nachbar ein Paket annehme, das bereits beschädigt war. Möglicherweise kann der eigentliche Empfänger dann Beschädigungen nicht mehr reklamieren. Möglich ist auch, dass ich Opfer einer Betrugsmasche werde, wenn der eigentliche Nachbar eigentlich gar nichts bestellt hat und auch fremde Personen dann angeblich für den Nachbarn das Paket abholen.

Mein Tipp!

Grundsätzlich sollte ich Pakte nur für Nachbarn annehmen, die ich kenne. Wer sich unsicher ist, der kann natürlich auch das Gespräch mit dem Nachbarn suchen. Ein guter Kompromiss wäre vielleicht, nur dann Pakete anzunehmen, wenn der Nachbar ein konkretes Paket vorher angekündigt hat.

11. Kapitel:

Finanzen, Versicherungen, Immobilien

Die wichtigsten Infos
rund ums Thema Geld

Warum ich riskante Käufe mit der Kreditkarte zahle!

Worum geht es?

Bevor ich eine Zahlung vornehme, stelle ich mir oft die Frage, wie ich denn bezahlen sollte. Gerade bei Onlinekäufen scheidet die Barzahlung in aller Regel aus. Aber es gibt natürlich noch eine ganze Reihe von Alternativen. Ich muss sagen, dass für mich die Bezahlung mit einer Kreditkarte oft die erste Wahl ist. Welche Vorteile hat rechtlich die Zahlung mit einer Kreditkarte?

Wie sieht es rechtlich aus?

Eine Besonderheit bei Zahlungen mit einer Kreditkarte ist die Möglichkeit, das sogenannte Chargeback-Verfahren zu nutzen. Damit können Zahlungen rückgängig gemacht werden, etwa wenn Beträge doppelt oder zu Unrecht abgebucht wurden. Wenn ich also gar keine Gegenleistung erhalten habe, kann ich meine Kreditkartenzahlungen damit oft zurückholen. Das Chargeback-Verfahren funktioniert grundsätzlich auch bei einer Insolvenz eines Anbieters, wenn die über die Kreditkarte bezahlte Leistung nicht mehr erbracht wurde. Die Voraussetzungen, damit dies möglich ist, sind überschaubar. Zunächst muss ich versuchen, das Geld vom Vertragspartner selbst zurückzubekommen. Wenn das nicht klappt, kann ich mich aber an die Bank wenden, von der ich die Kreditkarte bekommen habe, oder an das Kreditkarteninstitut selbst. In einem Formular muss ich dann den Reklamationsgrund angeben sowie Nachweise für den Vertragsabschluss und meinen erfolglosen Versuch, das Geld zurückzubekommen, beilegen. Man sollte sich dabei wirklich Mühe geben, denn man hat sozusagen nur einen Versuch. Wichtig ist, dass ich mir nicht allzu lange Zeit lasse, das Chargeback-Verfahren einzuleiten. Die Möglichkeit, das Verfahren zu nutzen, ist nämlich zeitlich begrenzt.

Mein Tipp!

Zahlungen mit einer Kreditkarte sind eine sehr gute Möglichkeit, sich gerade bei unsicheren Vertragspartnern noch einmal abzusichern. Bekomme ich sodann keine Leistung, habe ich immerhin noch die Möglichkeit, mir das Geld so zurückzuholen.

Klingt harmloser, als es ist: Bürgschaft

Worum geht es?

Wer schon einmal eine Immobilie erworben hat, der kennt vielleicht die Frage der Bank nach Sicherheiten. Eine mögliche Sicherheit wäre dabei die Bürgschaft durch eine andere Person. Auch im Mietrecht ist dies gar nicht unüblich. Aber was genau bedeutet eine Bürgschaft und warum ist eine Bürgschaft für den Bürgen so gefährlich?

Wie sieht es rechtlich aus?

Mit einer Bürgschaft verpflichte ich mich dazu, für die Schulden eines anderen geradezustehen. Hier dürfte eigentlich direkt schon deutlich werden, warum eine Bürgschaft gefährlich ist. Eine Bürgschaft wird zudem meistens verlangt, wenn der Gläubiger fürchtet, dass sein Schuldner später vielleicht doch das Darlehen, die Miete oder eine andere Forderung nicht bezahlen kann. Typischer Anwendungsfall einer Bürgschaft sind daher Bankkredite. Gerade weil ich als Bürge zum Teil ein sehr hohes finanzielles Risiko eingehe, ohne wirklich einen Vorteil daraus zu haben, wurde aber auch schon von Gerichten entscheiden, dass die Bürgschaft nicht wirksam vereinbart wurde. So gibt es gerichtliche Entscheidungen dazu, dass eine Bürgschaft unwirksam sein kann bei Fällen von krasser finanzieller Überforderung des Bürgen, wenn die Unerfahrenheit des Bürgen ausgenutzt wurde, bei unzulässiger Verharmlosung von Risiken oder bei Schaffung einer seelischen Zwangslage für den Bürgen. Entscheidend wird immer der Einzelfall sein, aber die Aufzählung macht vielleicht schon deutlich, dass es sich wirklich um krasse Ausnahmefälle handelte, bei denen Gerichte die Unwirksamkeit angenommen haben. Oft wird es sehr schwer bzw. gar nicht möglich sein, aus der Bürgschaftsverpflichtung herauszukommen.

Mein Tipp!

Bevor ich eine Bürgschaft eingehe, sollte ich mir wirklich genau vor Augen führen, dass ich quasi für die Schulden eines anderen hafte und dessen Gläubiger Zweifel daran hat, dass die Forderung beglichen wird. Es ist also durchaus möglich, dass sich eines Tages überraschenderweise die Bank oder der Vermieter bei mir meldet und Ansprüche geltend macht. Das mit einer Bürgschaft verbundene Risiko sollte ich also keinesfalls leichtfertig eingehen.

Lebensversicherungen: Wie hole ich das Maximum raus?

Worum geht es?

Viele Deutsche haben eine Lebensversicherung als Geldanlage und Altersvorsorge, aber sind damit nicht unbedingt glücklich. Hintergrund ist, dass rund ein Drittel der Zahlungen an die Versicherung für Gebühren verbraucht werden. Auch Überschussbeteiligungen sind im Laufe der Jahre stetig gesunken. Es stellt sich also die Frage, welche rechtlichen Möglichkeiten es hier vielleicht noch gibt, sich auf lukrative Art von der Lebensversicherung zu trennen.

Wie sieht es rechtlich aus?

Natürlich kann ich eine Lebensversicherung auch vor Ablauf der Versicherungszeit kündigen. Allerdings erhalte ich dann nur den sogenannten Rückkaufswert, der durchaus unter den eingezahlten Beiträgen liegen kann. Auch ein Verkauf der Lebensversicherung wäre rechtlich möglich, aber wesentlich lukrativer ist dies meistens nicht. Anders kann dies aussehen bei einem Widerspruch bzw. einem Rücktritt vom Versicherungsvertrag. Hintergrund dabei ist, dass beide Vorgehensweisen zu einer Erstattung aller Beitragszahlungen, Abschlusskosten und Verwaltungskosten sowie einer Verzinsung dieser Zahlungen führen. Leider ist ein derartiges Vorgehen in der Regel nur bei Verträgen mit Abschlussdatum aus der Zeit vom 29.07.1994 bis 31.12.2007 möglich, denn in diesem Zeitraum finden sich bestimmte Formfehler, die ein solches Vorgehen ermöglichen. So ist ein Widerspruch möglich, wenn keine Widerspruchsbelehrung im Vertrag zu finden ist, diese nicht hervorgehoben wurde, die Belehrung unvollständig oder fehlerhaft ist oder keine Versicherungsbedingungen bzw. Verbraucherinformation übergeben wurde. Liegen diese Voraussetzungen vor, habe ich gute Chancen, mein Geld vollständig mit Zinsen zurückzubekommen.

Mein Tipp!

Wer noch über eine alte Lebensversicherung aus der fraglichen Zeit verfügt, der sollte vielleicht einmal checken, ob eine Widerspruchsbelehrung in den eignen Unterlagen zu finden ist. Hier kann sich auch der Gang zum Anwalt lohnen, um eine genaue Prüfung durchführen zu lassen. Die Kosten sind meistens überschaubar und das Ergebnis kann finanziell wirklich erfreulich sein.

Versteckter Schimmel und Co.: Was muss der Verkäufer vor Kauf einer Immobilie mitteilen?

Worum geht es?

Der Kauf einer Immobilie ist für die meisten Menschen das teuerste Geschäft, was sie in ihrem Leben tätigen. Natürlich informiert man sich daher immer sehr gründlich über die Immobilie, die man kaufen möchte, und in den allermeisten Fällen werden sogar mehrere Besichtigungen durchgeführt. Trotz aller Gründlichkeit sind manche Probleme aber einfach nicht erkennbar. Eine Belastung des Bodens oder fehlende Genehmigungen sieht man dem Objekt nicht unbedingt an. Der (Vor-)Eigentümer weiß aber in aller Regel von diesen Problemen. Was muss mir der Verkäufer also alles über die Immobilie offengelegen? Oder muss ich als Käufer konkrete Fragen stellen?

Wie sieht es rechtlich aus?

Leider ist es gar nicht so selten, dass sich nach dem Kauf einer Immobilie (erhebliche) Mängel zeigen. Daher gibt es auch einige gerichtliche Entscheidungen, die klarstellen, dass der Verkäufer mich als Käufer vor dem Kauf ungefragt über alle Umstände aufklären muss, die für mich bei der Kaufentscheidung erheblich sein könnten. Voraussetzung ist dabei natürlich immer, dass der Verkäufer eben selbst Kenntnis von diesen Umständen hat. Die Aufklärung kann auch dadurch geschehen, dass mir als Käufer durch die Übergabe von Unterlagen die Möglichkeit gegeben wird, mir die entsprechenden Kenntnisse zu verschaffen. Verheimlicht der Verkäufer bewusst einen kauferheblichen Aspekt, dann habe ich als Käufer die Möglichkeit, den Immobilienkaufvertrag wegen arglistiger Täuschung anzufechten, und kann mich so vom Kaufvertrag wieder lösen.

Mein Tipp!

Dem Verkäufer nachzuweisen, dass er Kenntnis von bestimmten Umständen hatte und diese bewusst verschwiegen hat, ist häufig schwierig. Sich von einem Immobilienkaufvertrag zu lösen, ist daher nicht leicht. Gerade bei einem so wichtigen Kauf ist es oft ratsam, einen Sachverständigen vor Kauf hinzuzuziehen, der sich die Immobilie genau ansieht und mich als Käufer vor Kauf auf Probleme hinweisen kann.

Was kann ich tun, wenn sich nach Immobilienkauf Probleme zeigen?

Worum geht es?

Wer schon einmal eine Immobilie erworben hat, der weiß, dass eigentlich in jedem notariellen Immobilienkaufvertrag alle Gewährleistungsrechte ausgeschlossen werden und gewissermaßen gilt: »Gekauft wie gesehen«. Habe ich also gar keine Rechte mehr, wenn die Immobilie Mängel hat oder sich herausstellt, dass mir im Exposé falsche Versprechungen gemacht wurden?

Wie sieht es rechtlich aus?

Wenn der Verkäufer bewusst einen kauferheblichen Aspekt verschwiegen hat, dann habe ich als Käufer die Wahl, ob ich mich durch eine Anfechtung wegen arglistiger Täuschung ganz vom Kaufvertrag lösen möchte oder Gewährleistungsansprüche wie Minderung geltend mache. Der Haftungsausschluss aus dem notariellen Kaufvertrag greift nämlich nicht, wenn der Verkäufer einen Mangel arglistig verschweigt oder eine Garantie für die Beschaffenheit der Sache übernommen hat. Hier können Angaben in einem Exposé eine wichtige Bedeutung haben, denn welche Eigenschaften ich als Käufer von einer Immobilie erwarten darf, bestimmt sich auch nach den Äußerungen des Verkäufers. Wenn also in einem Exposé bewusst falsche Angaben gemacht wurden, ist das für mich als Käufer sehr hilfreich, denn in vielen Fällen ist ansonsten nicht nachweisbar, was der Verkäufer überhaupt genau alles versprochen hat. Wurde dies schriftlich in einem Exposé ganz konkret genannt, dann muss der Verkäufer für seine Versprechen geradestehen.

Mein Tipp!

Als Käufer sollte ich mich immer fragen, ob die Angaben im Exposé wirklich konkret genug sind, um daraus etwas herleiten zu können. Im Zweifel sollte ich konkrete Versprechungen explizit im Kaufvertrag aufnehmen lassen. Manchmal macht sich der Verkäufer ansonsten gar keine Gedanken, sodass auch keine Arglist vorliegt und es bei dem Grundsatz »Gekauft wie gesehen« bleiben würde.

Betriebliche Altersversorgung: Machen oder lassen?

Worum geht es?

Viele Unternehmen werben mit einer betrieblichen Altersversorgung, aber für mich als Arbeitnehmer ist nicht immer sofort klar, ob die betriebliche Altersversorgung wirklich ein interessantes Standbein fürs Alter sein kann. Kann ich also vielleicht an den rechtlichen Vorgaben sehen, ob eine betriebliche Altersversorgung sinnvoll ist oder vielleicht sogar verpflichtend?

Wie sieht es rechtlich aus?

Im Bereich der betrieblichen Altersversorgung hat sich in den letzten Jahren einiges getan. Es ist deutlich spürbar, dass die betriebliche Altersversorgung im Interesse der Arbeitnehmer gesetzgeberisch weiterentwickelt und ausgebaut wurde. Inzwischen ist gesetzlich normiert, dass ich als Arbeitnehmer vom Arbeitgeber verlangen kann, dass von meinem Arbeitsentgelt bis zu 4 Prozent der jeweiligen Beitragsbemessungsgrenze durch Entgeltumwandlung für meine betriebliche Altersversorgung verwendet werden. Interessant ist dies vor allem, weil gesetzlich weiter festgelegt ist, dass der Arbeitgeber 15 Prozent des umgewandelten Entgelts zusätzlich als Arbeitgeberzuschuss weiterleiten muss, soweit er durch die Entgeltumwandlung Sozialversicherungsbeiträge einspart. Hier gibt es also für mich als Arbeitnehmer ein wirkliches Geldgeschenk. Für die betriebliche Altersversorgung sieht das Gesetz verschiedene Durchführungswege vor, nämlich die Direktzusage oder Direktversicherung, Pensionskasse bzw. -fonds sowie die Unterstützungskasse. Für mich als Arbeitnehmer gilt aber unabhängig vom Durchführungsweg, dass der Arbeitgeber für die Erfüllung der von ihm zugesagten Leistungen einzustehen hat, auch wenn die Durchführung nicht unmittelbar über ihn erfolgen sollte.

Mein Tipp!

Arbeitgeber haben auf mein Verlangen als Arbeitnehmer umfangreiche Auskunftspflichten. Dies sollte ich als Arbeitnehmer durchaus nutzen und einfach einmal beim Arbeitgeber nachfragen. Wenn Arbeitgeber mit einer besonderen betrieblichen Altersversorgung, vielleicht auch noch in Verbindung mit einer Versorgungsordnung für neue Mitarbeiter werben, so bedeutet dies häufig, dass sie sogar noch über die gesetzlichen Vorgaben hinaus Zusagen für mich als Arbeitnehmer machen. In aller Regel kann ich das für Arbeitnehmer nur absolut empfehlen!

Vorsicht, Betrug: Tricks mit Zahlungsdienstleistern

Worum geht es?

Wir alle kennen PayPal als sichere Zahlungsmethode, denn gerade für den guten Käuferschutz ist PayPal bekannt. Genau dies machen sich aber eben auch Betrüger immer wieder zunutze. Wer also online etwas gekauft hat, wird manchmal vom Verkäufer darauf angesprochen, dass man doch die PayPal-Gebühren sparen könne, indem man für die Überweisung PayPal »Freunde und Familie« nutzt. Käufer müssen dann oft feststellen, dass die Ware eben gar nicht bei ihnen ankommt und auch PayPal nicht helfen will. Ist das denn rechtens??

Wie sieht es rechtlich aus?

Leider muss man sagen, dass in einer solchen Konstellation tatsächlich PayPal nicht der richtige Ansprechpartner ist. Viele PayPal-Kunden wissen nämlich nicht, dass PayPal in der kostenfreien Varianten »Freunde und Familie« eben auch keinen Käuferschutz bietet. Kommt die Ware nach der Zahlung nicht an, wird man vermutlich auch sein Geld nicht wiedersehen. PayPal jedenfalls hilft in dieser Konstellation nicht. Selbstverständlich kann man eine Anzeige bei der Polizei erstatten, aber man muss leider sagen, dass die Quote derer, die auf diesem Wege ihr Geld zurückerhalten haben, doch sehr gering ist.

Mein Tipp!

Shoppen im Internet hat Vorteile, aber eben auch einige Nachteile. Über die Art und Weise der Zahlung kann man allerdings einige Risiken deutlich reduzieren. Wer also häufiger im Netz einkauft, für den ist es unbedingt ratsam, sich einmal genauer mit möglichen Zahlungsmethoden auseinanderzusetzen. Zahlungen per PayPal und Kreditkarte zeigen hier deutliche Vorteile.

12. Kapitel:

Erben und Vererben

Zu Lebzeiten alles bestens regeln

Wer erbt, wenn es kein Testament gibt?

Worum geht es?

Mit dem Tod beschäftigt man sich in aller Regel nicht so gerne und doch ist gewiss, dass wir alle irgendwann sterben. Wer dann mein Häuschen bekommt oder auch Geld erbt, sollte ich vielleicht doch einmal überlegen. Wer erbt aber, wenn ich nichts geregelt habe?

Wie sieht es rechtlich aus?

Wenn es keine andere Regelung durch den Erblasser gibt, gilt die gesetzliche Erbfolge. Danach erben in erster Linie die Kinder und Ehepartner. Sollte es dabei keinen Ehevertrag geben und daher die gesetzliche Zugewinngemeinschaft gelten, erbt im Fall des Todes mein Ehepartner die Hälfte und alle anderen Erben müssen sich die verbleibende andere Hälfte teilen. Gibt es also zwei Kinder, würden diese jeweils ein Viertel bekommen. Sollte es keine Kinder geben, würden tatsächlich die Eltern des Erblassers neben dem Ehepartner erben. Sind die Eltern verstorben, dann die Geschwister des Erblassers bzw. deren Kinder und wenn es auch die nicht geben sollte, dann Onkel und Tanten. Findet sich wirklich kein Verwandter, dann erbt der Staat.

Mein Tipp!

In vielen Konstellationen wird die gesetzliche Erbfolge völlig okay sein. Gerade bei einer kinderlosen Ehe stellt sich aber oft die Frage, ob es wirklich gewünscht ist, dass neben dem Ehepartner die Eltern des Erblassers oder die Geschwister erben. Wer dies nicht möchte, ist mit einem Testament gut beraten.

Wie erstelle ich ein gültiges Testament?

Worum geht es?

Nicht immer liegt es daran, dass der Erblasser keine Regelung über sein Erbe treffen wollte, wenn kein Testament vorhanden ist. Manchmal ist es vielleicht eher darauf zurückzuführen, dass ich unsicher bin, wie ich überhaupt ein Testament erstellen muss. Was also muss ich beachten, damit ein Testament gültig ist?

Wie sieht es rechtlich aus?

Ein Testament zu machen, ist denkbar einfach. So setzt ein wirksames Testament keinen Gang zum Notar voraus, auch wenn das immer noch viele meinen. Tatsächlich ist es ausreichend, wenn ich einfach aufschreibe, wem man etwas vererben möchte. Sollten Formulierungen unklar sein, so würde mein Testament ausgelegt, und zwar mit dem Ziel, meinen Willen als Erblasser zu ermitteln. So wurde von Gerichten schon entschieden, dass es nicht schädlich ist, wenn im Testament umgangssprachlich davon die Rede ist, das »Haus« zu vererben, wenn erkennbar ist, dass ich als Erblasser letztlich »alles rund ums Haus« damit regeln wollte, also Haus, Grundstück und Inventar. Aber Achtung: Eine Sache ist bei der Erstellung eines Testaments tatsächlich wichtig: Es reicht nicht, wenn ich das Testament am Computer schreibe und dann nur noch unterschreibe. Auch wenn wir im Alltag natürlich kaum noch mit der Hand schreiben, ist dies beim Erstellen der zentrale Punkt, damit das Testament wirksam ist. Ein Testament muss ich komplett mit der Hand schreiben und dann unterschreiben. Schließlich muss ich als Erblasser im Moment der Erstellung des Testaments natürlich auch noch die sogenannte Testierfähigkeit besessen haben, also die erforderliche geistige Gesundheit, um meine Angelegenheiten zu regeln.

Mein Tipp!

Auch wenn ein Testament immer ausgelegt werden kann, ist es sinnvoll, wenn ich beim Erstellen eines Testaments möglichst präzise formuliere, wie mein Erbe verteilt werden soll. So wäre es auch möglich, durch ein Vermächtnis zu bestimmen, dass bestimmte Vermögenswerte, wie ein besonderes Schmuckstück, einer bestimmten Person zukommen sollen, ohne diese Person weitergehend als Erbe einzusetzen. Ich kann also problemlos regeln, dass mein Patenkind ein bestimmtes Schmuckstück bekommen soll, aber ansonsten nicht als Erbe eingesetzt wird.

Enterben? (Wie) geht das?

Worum geht es?

Verwandtschaft kann man sich bekanntlich nicht aussuchen und auch zu nahen Verwandten muss das Verhältnis wirklich nicht immer das Beste sein. Es ist also nicht verwunderlich, dass die gesetzliche Erbfolge, die letztlich auf den Verwandtschaftsgrad abstellt, nicht immer interessengerecht ist. Aber ist es wirklich möglich, einen gesetzlichen Erben komplett von der Erbschaft auszuschließen? Könnte ich meine Kinder einfach enterben?

Wie sieht es rechtlich aus?

Leider ist es bei sehr nahen Angehörigen wie Kindern, Enkeln, Urenkeln, Eltern und Ehepartner nicht wirklich möglich, die Person komplett zu enterben. Es ist zwar sinnvoll, in einem Testament klarzustellen, dass derjenige nichts erben soll. Ich kann hierbei auch davon sprechen, die Person zu enterben. Aber auch wenn ich explizit regele, dass andere Personen meine Erben werden sollen, kann man daraus natürlich schließen, dass diejenigen, die ich eben nicht als Erben genannt habe, enterbt werden sollen. Habe ich als Erblasser nichts anderes bestimmt, so sind auch die Nachkommen des Enterbten vom Erbe ausgeschlossen. Dennoch verbleibt dem vermeintlich Enterbten aber eigentlich immer mindestens ein Pflichtteilsanspruch gegen den Erben. Habe ich zum Beispiel nur ein Kind als gesetzlichen Erben, würde dieses eigentlich alles erben und selbst bei einem expliziten Enterben immer noch einen Pflichtteilsanspruch in Höhe der Hälfte. Nur in absoluten Ausnahmefällen sieht dies anders aus, zum Beispiel wenn mein Erbe versucht hat, mich umzubringen.

Mein Tipp!

Wer seine Kinder enterbt, sollte nicht vergessen, dass damit automatisch auch seine Enkelkinder enterbt werden. Diese Konsequenz ist aber in vielen Fällen nicht gewollt. Daher muss man in einer solchen Konstellation explizit regeln, dass die Enkel als Ersatzerben eingesetzt werden.

Testament erstellt und anders überlegt: Was jetzt zu tun ist!

Worum geht es?

Nicht immer entwickelt sich das Leben, wie man es vermutet. Vielleicht hat sich gerade in den letzten Lebensjahren jemand besonders intensiv um mich und meine Pflege gekümmert, sodass ich meinen letzten Willen doch noch einmal ändern möchte. Doch ist das so einfach?

Wie sieht es rechtlich aus?

Gerade im Bereich des Vererbens möchte das Gesetz es dem Erblasser so einfach wie möglich machen. Wer sich daher umentscheidet und sein Testament ändern möchte, der kann einfach das überholte Testament vernichten. Der Gesetzgeber hat auch daran gedacht, dass man möglicherweise keinen Zugriff auf das Testament hat oder gar nicht mehr weiß, wo sich das ursprüngliche Testament befindet. Daher ist geregelt, dass ich auch einfach ein neues Testament schreiben kann. Jedes aktuellere Testament ersetzt dabei automatisch ein älteres. Selbst ein älteres notarielles Testament würde daher durch ein handschriftliches, aktuelleres Testament ersetzt werden. Anders sieht die Lage natürlich aus, wenn ich einen sogenannten Erbvertrag geschlossen habe, in dem ich mich gegenüber einer anderen Person dazu verpflichtet habe, diese als Erbe einzusetzen. Sich von einem solchen Vertrag ohne Zustimmung der anderen Seite zu lösen, wird nur in absoluten Ausnahmefällen möglich sein. Ein gemeinschaftliches Testament, bei dem sich meistens Eheleute gegenseitig als Alleinerben einsetzen und regeln, was mit dem Erbe nach dem Tod des zweiten Lebenspartners geschehen soll, kann leicht gemeinschaftlich geändert werden, solange beide Ehepartner noch leben. Danach ist eine solche Vereinbarung grundsätzlich bindend. Natürlich kann ich aber auch diesbezüglich zu Lebzeiten gemeinsam mit meinem Ehepartner eine abweichende Regelung treffen.

Mein Tipp!

Da jedes aktuellere Testament ein älteres ersetzt, ist es sinnvoll, ein Testament immer auch mit einem Datum zu versehen. Egal, wie oft ich dann meine Meinung und damit auch mein Testament geändert habe, bleibt immer klar, welches Testament gültig ist, nämlich das Testament mit dem jüngsten Datum.

Wie kann ich verhindern, dass meine Kinder meine Schulden erben?

Worum geht es?

Leider steht nicht immer nur in Frage, wem ich mein Vermögen vererbe, sondern manchmal vielleicht auch, wie ich verhindern kann, dass meine Kinder meine Schulden erben. Aber werden Schulden überhaupt vererbt und kann ich das verhindern?

Wie sieht es rechtlich aus?

Es mag überraschend sein, aber tatsächlich bleiben Schulden über den Tod hinaus bestehen und gehen grundsätzlich auch auf meine Erben über. Möchte ich verhindern, meinen Erben Schulden zu hinterlassen, ist dies durch einen sogenannten Erbverzicht möglich. Es handelt sich dabei letztlich um nichts anderes als einen notariellen Vertrag, durch den meine Erben schon zu meinen Lebzeiten auf ihr Erbe verzichten. Aber Achtung: Wer einmal auf sein Erbe verzichtet hat, kann dies ohne Zustimmung des Erblassers nicht einfach rückgängig machen. Ohne einen solchen Erbverzicht ist es durchaus auch möglich, dass meine Erben meine Schulden erben. Wurde kein Verzicht geregelt, müssen die Erben nach dem Tod selbst aktiv werden und schriftlich gegenüber dem Nachlassgericht eine Ausschlagungserklärung abgeben. Grundsätzlich habe ich als Erbe hierfür nur sechs Wochen ab meiner Kenntnis von der Erbschaft Zeit. Kein sehr großes Zeitfenster, wenn man die besondere Situation bedenkt und sich als Erbe vielleicht auch erst einmal einen Überblick verschaffen muss. Das Problem wird noch dadurch verschärft, dass ich als Erbe eben nicht nur mit dem Erbe für die Verbindlichkeiten haften würde, sondern mit meinem eigenen Vermögen.

Mein Tipp!

Nicht immer ist ein Erbverzicht notwendig. Vielleicht findet man ja auch noch zu Lebzeiten eine Lösung. Besser ist es vermutlich in vielen Fällen, die Erben direkt auf die Problematik hinzuweisen, sodass diese wissen, dass besser die Erbschaft ausgeschlagen werden sollte.

13. Kapitel:

Schaurig schön

Schaurige Ideen –
gruselige Antworten

Darf ich einen Zombie erschießen?

Worum geht es?

Zugegeben: Manche Fragen drängen sich im Alltag nicht gerade unbedingt auf. Aber spätestens nach diversen Zombie-Filmen stelle ich mir die Fragen, ob es nicht vielleicht eigentlich auch verboten wäre, einen Zombie zu töten. Wäre das nicht auch strafbar?

Wie sieht es rechtlich aus?

Tatsächlich kann ich hier eine sehr eindeutige Antwort geben, denn wenn man sich die Frage vielleicht selten stellt, wurde sie doch schon vom Bundesverfassungsgericht beantwortet. Hintergrund dabei war der Rechtsstreit rum um einen Film, der wegen Gewaltverherrlichung verboten und bundesweit beschlagnahmt war. Der Verleiher akzeptierte das Verbot nicht und klagte eben bis zum Bundesverfassungsgericht. Inhaltlich ging es bei der Entscheidung des Gerichts auch darum, ob sich die im Film gezeigte Gewalt gegen Menschen richtet. Das Bundesverfassungsgericht erklärte, dass damit an den biologischen Begriff des Menschen angeknüpft würde, aber nicht an der Fantasie entsprungene, menschenähnliche Wesen. Zombies sind demnach menschenähnliche Wesen, aber eben keine Menschen. Wie gut, dass wir das nun alle wissen! Daher muss ich mir nun auch keine Sorgen machen, ob ich mich vielleicht wegen Mordes oder Totschlag strafbar machen könnte, wenn ich einen Zombie umbringen würde, denn Voraussetzung für einen Mord ist nach dem Gesetz immer, dass ein Mensch getötet wird. Dank des Bundesverfassungsgerichts wissen wir jetzt ja mit absoluter Gewissheit, dass ein Zombie kein Mensch ist.

Mein Tipp!

Einen Zombie zu töten, sollte also strafrechtlich kein Problem sein. Hoffen wir daher, dass wir in Zukunft im schlimmsten Fall von Zombies angegriffen würden und nicht von einem Werwolf. Sollten nämlich Werwölfe als Wölfe angesehen werden, dann wären sie nämlich im gesamten Bundesgebiet streng geschützt. Je nach Vergehen sind Strafen von bis zu fünf Jahren Freiheitsentzug oder hohe Geldbußen möglich.

Süßes oder Saures = räuberische Erpressung?

Worum geht es?

Die amerikanische Halloween-Tradition hat sich inzwischen schon ziemlich fest auch in Deutschland etabliert und damit auch die entsprechenden Halloween-Streiche. Wer also den Kids keine Süßigkeiten gibt, muss von Konfetti auf der Fußmatte bis zu faulen Eiern an der Hauswand mit Konsequenzen rechnen. Aber ist das nicht eigentlich eine klassische Erpressung? Stehen also unsere Kids an Halloween quasi immer mit einem Bein im Gefängnis?

Wie sieht es rechtlich aus?

Eine Strafbarkeit wegen räuberischer Erpressung setzt voraus, dass jemand mit Gewalt oder Drohung für Leib und Leben versucht, sich auf Kosten eines anderen zu bereichern. Bei harmlosen Halloween-Streichen, wie Konfetti oder Rasierschaum auf der Türklinke, wird man kaum von Gewalt oder Drohung sprechen können. Wer etwa jemandem mit einem Baseballschläger droht, um Süßigkeiten einzufordern, darf sich nicht wundern, dass ihm genau dieses zur Last gelegt wird. Je nach Einzelfall kann auch schnell eine Nötigung oder auch gar eine (versuchte) Körperverletzung in Betracht kommen. Allein bei einer Nötigung droht dabei eine Freiheitsstrafe bis zu drei Jahren oder Geldstrafe.

Mein Tipp!

Die Dosis macht das Gift. Kleinere Streiche sind kein Problem, aber die Sachlage ändert sich, wenn sich jemand ernsthaft bedroht fühlt oder sogar eine Sachbeschädigung im Raum steht, weil vielleicht das Haus oder Auto beschädigt wird. Es muss also nicht unbedingt direkt um räuberische Erpressung gehen, damit Ärger drohen kann. Wenn der Streich letztlich für beide Seiten lustig ist, dann läuft man kaum Gefahr, am Ende vor Gericht zu landen.

Darf ich die Miete mindern, wenn es in meiner Wohnung spukt?

Worum geht es?

Wer eine Wohnung mietet, muss dafür auch Miete zahlen. Ist die Wohnung dabei mit Mängeln belastet, darf ich unter Umständen die Miete kürzen. Die Qualität des Wohnens kann natürlich durch einen Geist durchaus beeinträchtigt werden. Wer kennt das nicht?! Ist darin also ein Mangel zu sehen und kann ich wenigstens die Miete reduzieren?

Wie sieht es rechtlich aus?

Ein Anspruch auf Mietminderung besteht immer dann, wenn die vertragsgemäße Nutzung der Wohnung durch einen Mangel oder aufgrund einer fehlenden Eigenschaft eingeschränkt ist. Bevor ich allerdings wirklich die Miete mindern darf, muss ich zuvor gegenüber dem Vermieter den Mangel anzeigen und ihn auffordern, den Poltergeist, den Untoten oder was sonst noch herumspukt, zu entfernen. Das wäre sicherlich auch kein Problem. Allerdings ist ein Geisterspuk – jedenfalls derzeit – noch kein anerkannter Wohnungsmangel, der berechtigen würde, die Miete zu mindern. Anders sähe dies aus, wenn wir im US-Bundesstaat Connecticut leben würden. Dort schreibt ein Gesetz vor, dass ein Makler erwähnen muss, wenn ein Haus den Ruf hat, ein Spukhaus zu sein.

Mein Tipp!

Da wir mit Spuk nicht zu einer Mietminderung kommen, macht es Sinn, nach irdischeren Erklärungen für mysteriöse Symptome zu suchen. Für tropfende Wasserhähne oder undichte Fenster und Türen wäre nämlich durchaus der Vermieter zuständig.

Ist der Versuch, meine Schwiegermutter mit einer Voodoo-Puppe zu töten, strafbar?

Worum geht es?

Nicht jeder hat das beste Verhältnis zur eigenen Schwiegermutter. Wirklich handgreiflich werden aber wohl die wenigsten werden. Aber wie sieht es mit subtilen Methoden aus? Könnte ich mich wirklich strafbar machen, wenn ich es mit einer Voodoo-Puppe versuche?

Wie sieht es rechtlich aus?

Viele wird vermutlich verwundern, dass diese Konstellation rechtlich gar nicht so einfach zu lösen ist, denn auch der Versuch einer Tötung ist bekanntlich strafbar. Allerdings kennt auch das Strafrecht den sogenannten untauglichen Versuch. Wie der Name schon nahelegt, bedeutet dies, dass man etwas versucht, was von Anfang an so nicht gelingen kann. Für ein bisschen Grusel kann ich vielleicht dennoch sorgen, denn auch ein untauglicher Versuch ist strafbar! Alle, die sich jetzt fragen, ob ich hier wirklich einen Straftatbestand verwirklichen würde, kann ich doch beruhigen, denn zu meinen Gunsten würde das sogenannte »Trottelprivileg« greifen. Das Strafgesetz regelt tatsächlich, dass bei einem Täter, der aus grobem Unverstand verkennt, dass sein Versuch zum Scheitern verurteilt ist, von Strafe abgesehen werden kann. Ganz aus dem Schneider wäre ich also immer noch nicht. Tatsächlich würde meine Straffreiheit meistens auch gar nicht aus dem Trottelprivileg hergeleitet werden, sondern aus Rechtstradition.

Mein Tipp!

Wenn es um Körperverletzung oder gar Tötungsdelikte geht, versteht das Gesetz zu Recht keinen Spaß. Auch Versuche können hier selbstverständlich zu einer Strafbarkeit führen. Besser also, mit der Schwiegermutter Frieden zu schließen.

Darf ich meinen Arbeitgeber verfluchen?

Worum geht es?

Manche verfluchen vermutlich mehrmals täglich still und leise ihren Arbeitgeber. Gemeint ist aber, ob ich als Arbeitnehmer möglicherweise meinen Arbeitgeber auch öffentlich mit einem herzlichen »Ich wünsche Ihnen nur das Schlechteste« »verfluchen« darf. Ist das eine Meinungsäußerung oder könnte es Ärger geben?

Wie sieht es rechtlich aus?

Grundsätzlich gilt das Recht auf freie Meinungsäußerung auch innerhalb eines Arbeitsverhältnisses. Allerdings trifft mich als Arbeitnehmer nach Treu und Glauben aber auch ein sogenanntes Rücksichtnahmegebot gegenüber dem Arbeitgeber. Wird durch meine Äußerungen das Vertrauensverhältnis zum Arbeitgeber nachhaltig gestört, kann dies durchaus zu arbeitsrechtlichen Folgen für mich führen, und zwar bis hin einer Kündigung. Beim »Verfluchen« wird nämlich schnell eine beleidigende, herabwürdigende oder ehrverletzende Äußerung fallen. Es könnten unter Umständen sogar Straftatbestände erfüllt sein wie Beleidigung oder üble Nachrede. Ob möglicherweise sogar eine außerordentliche Kündigung folgt, wird allerdings auch auf den Rahmen ankommen, in dem ich die entsprechenden Äußerungen getätigt habe. Ein Post in den sozialen Medien rechtfertigt dabei eher eine Kündigung als eine Äußerung in kleinem Rahmen, weil natürlich dabei deutlich weniger Menschen erreicht werden. Recht aktuell wurde allerdings vom Bundesarbeitsgericht entschieden, dass man sich auch bei einer kleinen Chatgruppe von sieben Personen nur im Ausnahmefall auf eine Vertraulichkeitserwartung stützen könne, wenn man sich in der Gruppe stark beleidigend äußere. Vieles spricht also dafür, dass auch in diesem Kontext eine Kündigung fürs Verfluchen zulässig wäre.

Mein Tipp!

Wer sich beleidigend gegenüber Vorgesetzten und Kollegen äußert, der überschreitet die Grenze der Meinungsfreiheit und wird sich häufig auch nicht unbedingt auf Vertraulichkeit berufen können. Wenn ich mich als Arbeitnehmer negativ über meinen Arbeitgeber äußern möchte, sollte ich dies sachlich tun. Richtiger Ansprechpartner ist hier der Arbeitgeber und keine Chatgruppe oder die sozialen Medien.

Abgelaufene Pralinen an Kinder verteilen: Zulässig?

Worum geht es?

In so mancher Schublade finden sich bei mir noch alte Lebensmittelschätze, die schon lange abgelaufen sind und längst vergessen waren. Nun klingeln plötzlich Kinder und es ist einfach nichts anderes an Süßigkeiten da. Darf ich dann seit Jahren abgelaufene Pralinen an Kinder verteilen?

Wie sieht es rechtlich aus?

Man kann sicherlich davon ausgehen, dass die meisten Lebensmittel nicht sofort verdorben sind, wenn das Mindesthaltbarkeitsdatum überschritten wurde. Auch bei Schokolade gibt es da keine feste Grenze. Es hängt sicherlich auch immer von der Lagerung ab. Wenn ich Kindern Lebensmittel gebe, treffen mich aber gewisse Pflichten, die ich unbedingt beachten sollte. Auf keinen Fall sollte ich abgelaufene Lebensmittel an andere Personen weitergeben, denn diese könnten eben doch gesundheitsschädlich sein. Wäre das Mindesthaltbarkeitsdatum der Schokolade wirklich abgelaufen und Kinder hätten sich daran den Magen verdorben, könnte man dies als fahrlässige oder – je nach Umständen – sogar als Körperverletzung klassifizieren. Selbst bei fahrlässiger Körperverletzung droht mir eine Freiheitsstrafe von bis zu drei Jahren oder Geldstrafe. Bei einer fahrlässigen Tötung wären wir direkt bei einer Freiheitsstrafe von bis zu fünf Jahren oder Geldstrafe.

Mein Tipp!

Möglicherweise verdorbene Lebensmittel sollte ich unbedingt entsorgen und auf keinen Fall noch an Kinder oder überhaupt andere Menschen verteilen. Hier droht – zu Recht – Ärger. Dann lieber die Kinder vertrösten und neue Schokolade für den nächsten Besuch besorgen.

Gekauftes Haus steht auf einem antiken Friedhof: Geld zurück?

Worum geht es?

Wer kennt es nicht: Haus gekauft und plötzlich stellt sich heraus, dass die Platten, die man unter Gestrüpp im Garten findet, Grabsteine sind. Zugegeben, passiert vielleicht nicht oft, aber auf einem ehemaligen, längst aufgegebenen Friedhof zu leben, ist sicherlich nicht jedermanns Sache. Gibt es also Geld zurück?

Wie sieht es rechtlich aus?

Zunächst könnte man daran denken, ob hier nicht vielleicht Gewährleistungsansprüche wegen »Altlasten« auf dem Grundstück bestehen könnten. Da sich aber um eine alte Grabstätte handelt, dürften sich die begrabenen Leichname längst biologisch abgebaut haben. Hier kann also auch nicht mehr die Totenruhe gestört werden. Bei einem Immobilienkauf stellt sich zudem immer die Frage, ob nicht der Gewährleistungsausschluss, der in den allermeisten Immobilienkaufverträgen zu finden ist, greift. Durchaus denkbar sind Ansprüche aber dann, wenn mein Haus auf dem Friedhof unter Denkmalschutz steht und der Verkäufer mir dies arglistig verschwiegen hat. Gerichte haben schon entschieden, dass ein vom Verkäufer nicht offenbarter Denkmalschutz ein sogenannter Sachmangel sein kann, denn mit dem Denkmalschutz können natürlich durchaus Einschränkungen für mich als Käufer verbunden sein. Der Umstand, ob Denkmalschutz besteht, kann für mich daher bei der Kaufentscheidung erheblich sein. Wurde dieser Umstand vom Verkäufer bewusst verschwiegen, greift der Gewährleistungsausschluss nicht und ein Rücktritt vom Vertrag wäre möglich oder auch die Geltendmachung der üblichen Gewährleistungsrechte. Es wäre daher durchaus möglich, dass ich Geld zurückfordern könnte.

Mein Tipp!

Egal ob Grabstätten oder Schimmel im Haus: Der Gewährleistungsausschluss in Immobilienverträgen stellt für mich als Käufer ein ziemliches Risiko dar. Dem Verkäufer nachzuweisen, dass er ein Problem kannte und vorsätzlich verschwiegen hat, ist oft nicht leicht. Immobilienkäufer sind daher oft gut beraten, einen Sachverständigen vor Kauf hinzuziehen. Das ist zwar oft nicht ganz günstig, aber meistens günstiger als ein Rechtsstreit.

Schlusswort

Jeden Tag sind wir von Rechtsfragen umgeben und lösen diese oft schon instinktiv richtig. Auch das Gesetz ist kein Mysterium, das uns das Leben schwer machen möchte. Im Gegenteil! Wir haben gelernt: Es geht fast immer um die gerechte Abwägung von Interessen. Oft ist es daher sinnvoll, einfach einen Schritt zurückzutreten und sich in die Situation des anderen zu versetzen. Wie würde ich die Lage dann beurteilen? Wenn es einen stärkeren und einen schwächeren Teil gibt, versucht das Gesetz oft, den schwächeren Teil zu unterstützen und ihm das Leben etwas einfacher zu machen. Schöne Beispiele hierfür sind die starken Arbeitnehmerrechte, die das Arbeitsrecht bietet, die umfangreichen Schutzrechte für Mieter, die wir im Mietrecht finden, und den starken Verbraucherschutz, den es bei (fast) allen Verträgen gibt. Ein offenes Gespräch mit der Gegenseite und diesem Verständnis von Recht im Hintergrund ermöglicht es jedem, eine gute interessengerechte Lösung für alle Probleme des Alltags zu finden. Mit diesem Wissen sind wir gut ausgestattet, jedes Problem ohne Anwalt und auch ohne Gerichte zu lösen.

Danksagung

Natürlich möchte ich an dieser Stelle auch Danke sagen! Danke an alle, die dieses Buch überhaupt möglich gemacht haben. Zuerst gilt mein Dank dem Verlag Penguin Random House, insbesondere Dr. Harry Kämmerer. Lieber Harry, deine Geduld verdient wirklich einen Oscar! Nicht zuletzt dir verdanke ich es, dass ich entspannt und mit großem Spaß dieses Buch schreiben konnte. Mein Dank gilt auch Roman Schneider, der überhaupt erst die Idee zu diesem Buch hatte. Vielen Dank für deine Hilfe und dein immer offenes Ohr. Natürlich bedanke ich mich auch bei dem gesamten Team der Kanzlei, das mich großartig vertreten hat, wenn ich im Schreibfieber war. Danke auch an Karina2you und Ron Perduss. Nicht nur für das Schreiben des Vorwortes zu diesem Buch, sondern für auch eure Freundschaft und Unterstützung. Es ist sicherlich nicht selbstverständlich, solche Freunde im Leben zu haben.

Last, but not least gilt mein besonderer Dank meiner Familie! Ich kann meinen Eltern, meinem Mann und auch unserem Sohn nicht genügend danken dafür, dass sie mir wirklich immer mit Rat und Tat zur Seite stehen. Es ist von unschätzbarem Wert und mehr als beflügelnd, wenn man weiß, dass man immer, überall und in jeder Lebenslage solche Unterstützer hat. Ihr seid großartig!